LA PROCÉDURE

DANS

LES ARBITRAGES INTERNATIONAUX

PAR

Albert ACREMANT

DOCTEUR EN DROIT

Imprimerie SUEUR-CHARRUEY

∞ ARRAS ∞   ∞ PARIS ∞

10, rue des Balances   41, rue de Vaugirard

1905

LA PROCÉDURE

DANS

les arbitrages internationaux

LA PROCÉDURE

DANS

LES ARBITRAGES INTERNATIONAUX

PAR

Albert ACREMANT

DOCTEUR EN DROIT

Imprimerie SUEUR-CHARRUEY

ARRAS
)0, rue des Balances

PARIS
41, rue de Vaugirard

1908

« L'humanité jouira-t-elle un jour
de la paix définitive signée entre tous
les peuples ? C'est un rêve qui charme
bien des âmes ; mais c'est peut-être
aussi une chimère ?... »

E. GEBHART,
de l'Académie française.

INTRODUCTION

———

Dans le droit privé, toute question de procédure est infiniment simple. Elle comporte en elle-même son plan d'étude, car ses règles sont les plus strictement fixées.

Dans l'arbitrage international, nulle législation n'existe en réalité. Le projet de Règlement de l'Institut et les règles de la Conférence de La Haye ne se présentent avec aucune force obligatoire. Ce sont simplement les expressions de certains vœux.

Un état d'esprit s'est formé par une évolution lente. Les jurisconsultes ont tous présenté des propositions. Mais, si plus d'une assemblée réunit les représentants de toutes les puissances, aucun vote émanant d'elles ne décida les règles de la procédure de l'arbitrage international.

Si l'on avait décidé la création d'un Tribunal suprême, force aurait été de déterminer expressément
cette procédure. Mais, l'arbitrage — tout en étant
vivement recommandé – reste purement facultatif.
Ce sont les États eux-mêmes qui désignent leurs
propres juges ; ce sont eux qui disent les moyens
que l'enquête devra employer et indiquent le mode
suivant lequel la sentence sera rendue.

La procédure de l'arbitrage doit donc être enten-
due d'une façon très large.

La rédaction du compromis, le choix des arbitres
sont des questions accessoires à la procédure proprement dite qui comprend l'instruction, les débats et
la sentence. Toutefois, ce sont des points dont l'importance est grande pour l'avenir de l'arbitrage.

En concevant d'ailleurs notre étude d'après ces dispositions générales, nous ne faisons qu'adopter le plan pris
par la Conférence de La Haye dans la rédaction de ses
règles, nous suivons, article par article, les diverses
propositions sur lesquelles elle s'appesantit dans le chapitre intitulé « la Procédure ».

D'autre part, la théorie de l'arbitrage n'étant écha-
faudée que sur l'opinion publique, il nous a paru intéressant de ne pas étudier seulement, d'une façon sèche,
les moyens employés le plus souvent par les États, mais
par des citations, par des argumentations, de donner
une idée de l'immense courant humanitaire qui, peut-on
dire, engendra l'arbitrage tel qu'il se pratique aujour-

d'hui. C'est en parcourant le texte des compromis et le raisonnement dès sentences que l'on peut prévoir un peu ce que nous permet d'espérer l'avenir en cette matière. C'est en suivant pas à pas les discussions au sein des tribunaux arbitraux que l'on comprend la gravité de bien des questions pour lesquelles jadis la guerre aurait été la seule solution.

Nous voulons donc généraliser un peu les conséquences tirées d'une étude sur la procédure arbitrale et, si le résultat répond à notre désir, faire une évocation de toutes les circonstances où l'opinion publique se manifeste chaque jour davantage.

Après avoir vu la place occupée exactement dans le droit par la procédure, nous passerons en revue quelques-uns des exemples d'arbitrage que nous légua l'Histoire pour en distinguer les règles et voir si en elles ne se trouve aucun germe de ce qui fait la gloire des temps modernes.

Nous distinguerons les divers modes qui sont présentés aux Etats pour la désignation de leurs arbitres. Nous verrons quelques petites questions préliminaires, d'une grande délicatesse parfois, comme le siège du tribunal, la langue à employer devant lui, la publicité à accorder aux séances, les auxiliaires que l'on peut donner aux juges.

Et nous aborderons la procédure proprement dite : les phases par lesquelles passe l'instruction, la manière de conduire les débats et, à ce propos, les exceptions qui peuvent être soulevées durant leur cours ; enfin la sentence, la délibération et son vote, sa rédaction, son prononcé, son exécution, et, pour terminer, les vices qui peuvent s'y introduire et la révision qui peut en être réclamée.

Pour nous résumer, voici les diverses rubriques de nos chapitres :

Première Partie : *Procédure générale*

I.— Place occupée par l'arbitrage international dans le monde et par la procédure dans l'arbitrage.

II.— Quelques notions sur la procédure de l'arbitrage dans l'histoire.

III.— Modes de nomination des arbitres.

IV.— Questions préliminaires : A. Le siège. B. La langue. C. La publicité. D. Les auxiliaires de la justice arbitrale.

Deuxième Partie : *Procédure proprement dite*

I. — Instruction.

II.— Débats.

III.— Sentence : A. Délibération et vote. B. Rédaction. C. Prononcé de la sentence. D. Effets de la sentence. E. Ses vices. F. Sa révision.

Première Partie

___

PROCÉDURE GÉNÉRALE

CHAPITRE PREMIER

Place occupée par l'arbitrage international dans le monde
et par la procédure dans l'arbitrage

« Il n'y a pas de résistance qui ne disparaisse à la longue devant la toute-puissance d'une idée, quand cette idée puise sa force à la source sainte de la fraternité (1). »

L'œuvre de la pacification universelle s'affermit davantage tous les jours. Si la Conférence de La Haye en 1899 vit l'Allemagne se dresser comme une obstruction devant elle, et si, de ce fait, les vœux divers réclamant l'arbitrage obligatoire ne reçurent aucune application, il n'en reste pas moins vrai que cette Conférence

---

(1) Discours de M. Fallières, président du Sénat, à l'ouverture de la dixième Conférence, tenue à Paris le 31 juillet 1900 par l'Union interparlementaire, en faveur de l'arbitrage international.

dénota, dans le monde, l'existence d'un immense état d'esprit. Le xIxᵉ siècle vit l'éclosion de Sociétés pacifiques nombreuses (1). Des Congrès furent tenus (2).

(1) Voici les plus importantes de ces Sociétés : Amérique : *Universal peace union*, Philadelphie 1816 ; *american peace society*, Boston 1828. — Angleterre : *Peace Society* 1816 ; *International arbitration and peace association*, Londres 1880. — France : *Société française pour l'arbitrage entre nations*, 1889 (fusion de deux Sociétés déjà anciennes) ; *Société de paix et d'arbitrage du familistère de Guise*, 1886 ; *Association de la Paix par le Droit*, 1895 (Association des jeunes amis de la Paix depuis 1887). — Belgique : *Fédération internationale de l'arbitrage et de la paix*, 1889. — Danemarck : *Association danoise de la Paix*, 1882. — Irlande : *Société de la Paix*, Dublin 1883. — Hollande : *Ligue néerlandaise de la Paix*, 1870. — Italie : *Association pour la Paix et l'Arbitrage international*, Rome ; *Union lombarde*, Milan. — Suisse : *Ligue internationale de la paix et de la liberté*, 1867 ; *Société générale suisse de la Paix*, 1889. — Norwège : *Société norwégienne de la Paix*, 1885. — Allemagne : *Union de la Paix de Francfort*, 1886 ; *Société allemande de la Paix*, 1892. — Autriche : *Société des Amis de la Paix*, Vienne 1892. — Hongrie : *Société hongroise de la Paix*, 1895, etc. — Il y a encore des Sociétés de la paix en Russie et jusque dans l'Inde. Il y en a même au Japon

(2) Voir le livre de Ch. de Mougins de Roquefort, p. 163. *De la solution juridique des conflits internationaux*.

Un Congrès de la Paix s'est tenu à Lille voici quelques jours, le 27 avril. Les discussions y furent assez incohérentes. Des banquets furent offerts. Des vœux furent émis. On proposa entre autres choses qu'une propagande pacifiste soit faite auprès des maîtres et maîtresses de l'enseignement primaire. M. F. Passy quoi qu'il en dise, fut dans son rapport d'un internationalisme aussi optimiste qu'utopique. M. Bocanowski exprima le désir que la Cour de la Haye crée un organe de police internationale capable d'assurer l'efficacité des sentences arbitrales. M. Nicolle parla au nom de la franc-maçonnerie parisienne, « dont le pacifisme

Et si, de ces diverses manifestations, il n'est pas résulté l'établissement d'une institution permanente, il y a cependant progrès à un double point de vue.

D'une part, le besoin se fait de plus en plus sentir de préférer à la guerre les solutions pacifiques, et d'autre part, dans la rédaction de leurs traités, les États semblent de plus en plus reconnaître l'existence de règles communes.

Malgré cela, l'œuvre de la Conférence de La Haye fut loin d'être complète. Nous aurons l'occasion de le voir en plus d'une circonstance. Constatons pour l'instant que cette réunion des puissances du monde ne se manifesta nullement par la création d'un fait tangible. Des vœux seuls furent émis au cours de ces séances du *Huis ten Bosch* où M. de Martens crut voir l'édification « d'un autel au Dieu de paix et de concorde (1) ».

Aujourd'hui la tendance pacifique est presque maîtresse de la tendance guerrière (2), quoique certains événements actuels semblent nous élever une objection. Les luttes économiques dans les Bourses et les Marchés ont tendance à remplacer les luttes des champs de

est la principale préoccupation ». — Il faudra beaucoup de Congrès comme celui-là pour faire avancer la question d'un pas.

(1) F. de Martens : *La Conférence de la Paix à La Haye*, traduit du russe par le comte de Saucé.

(2) Voir Redon : *L'arbitrage international*, Paris, 1892, et Ch. de Mougins de Roquefort : *De la solution juridique des conflits internationaux*.

bataille. Les gouvernements souffrent de voir leurs
budgets grevés par les dépenses considérables qu'exige
« la paix armée ». Un grand désir de conciliation existe
partout et des exemples sont là qui peuvent nous permettre l'optimisme. L'affaire de l'*Alabama* aurait pu
entraîner dans une guerre deux États puissants, mais,
par une volonté mutuelle, des obstacles pourtant délicats
furent écartés heureusement.

Nous pensons que le mode de solution des conflits
devra pour se développer demeurer nettement juridique.
La pratique nous donnera peut-être tort. Il n'y a rien
d'impossible à ce que ce soit la médiation qui attire à elle
toutes les préférences. Avant de bâtir un édifice, il faut
faire choix d'un terrain. Laissons donc le temps nous indiquer quel est le sol le plus propice.

Les événements ont la fâcheuse tendance de se préci-
piter toujours dans un même cercle. Ce n'est pas encore
une utopie que de prétendre que la guerre fait partie des
réalités avec lesquelles il faut compter. Mais nous pensons pouvoir espérer que les cas seront de plus en plus
nombreux dans lesquels le droit de la force sera rem-
placé par la force du droit.

L'exagération est toujours nuisible. Nous préférons
contempler l'arbitrage d'un regard un peu sombre. Notre
pessimisme n'a pas pour but de couper les ailes de tout
enthousiasme. Il ne veut que recommander les précautions les plus grandes. Ce n'est pas en vain que nous
avons derrière nous mille siècles de guerre.

Les hommes ont toujours été les mêmes. Les uns par veulerie, les autres par pitié, ils ont tous eu les mêmes pensées, dans les temps différents. Un père de famille a dû toujours se demander si l'intérêt que l'on avait de posséder une terre contrebalançait les misères qu'amène toute conquête militaire.

Mais dans les siècles précédents, les communications manquaient. Un mouvement avait peine à grandir unanimement dans les esprits. L'opinion n'était pas dominante ; elle restait dans l'ombre. Aujourd'hui, c'est elle qui pousse les souverains à agir.

L'arbitrage est donc une conséquence de l'état actuel de nos mœurs. Ce serait une étude très intéressante que l'on ferait si l'on recherchait ce pour quoi au fond certaines personnalités tiennent à se montrer pacifistes.

La Conférence de La Haye ne fit que créer « un tribunal temporaire dans un cadre permanent » (1). De même qu'un jury, celui-ci disparaît dès que sa mission est terminée.

Eût-il été possible de créer le tribunal permanent et suprême réclamé par MM. Kaufman (2), Tredelenburg (3),

(1) M. L. Renault : *Préface* du *Recueil des arbitrages internationaux* de A. de Lapradelle et Politis, p. VII.

(2) *Die Idee und der praktishe Nutzen einer Weltakademie des Volkerrechts*, 1855.

(3) *Luken im Volkerrechts*, 1870.

Seebohm (1), de Laveleye (2), Field (3), Ladd (4) et
Marcoartu (5) ? Ceci aurait certainement été la première
pierre du temple des idées pacifiques. Quant à cette
question de possibilité, elle fut de tous temps contro-
versée. Jean-Jacques Rousseau (6) discutant le projet
de l'abbé de Saint-Pierre, « cet homme de bien », se
prononça ainsi : « Peut-on soumettre à un tribunal des
hommes qui s'enorgueillissent de ce que leur pouvoir est
exclusivement fondé sur le glaive et qui ne s'inclinent
devant Dieu que parce qu'il est dans le ciel ? »

Les souverains ont dû changer un peu de sentiment
depuis Rousseau, mais « peut-on demander à des nations qui se disent indépendantes et croient l'être bien
plus encore qu'elles ne le sont en réalité de renoncer à
leur droit de libre détermination, précisément dans les
questions qui leur tiennent le plus à cœur (7) » ?

Nous pensons que pour l'établissement d'un tribunal
permanent, l'évolution n'est pas encore faite suffisamment dans les cerveaux. Un revirement est brutal comme
la foudre et l'institution que l'on aurait créée dans un

(1) *De la réforme du droit des gens*, traduit par Farjasse, 1873.
(2) *Des causes actuelles de la guerre en Europe*, 1873.
(3) *Draft outlines of on international*, Code 1872.
(4) *Prize essays on a congress of nations*. Boston, 1840.
(5) *Prize essays on international law* (Internationalism, 1876).
(6) *Jugement sur le projet de paix perpétuelle* de l'abbé de
Saint-Pierre.
(7) Lettre de M. Pillet du 22 avril 1879 à la communication de
M. W. Stead à propos de *la Croisade de la Paix*.

bel élan d'enthousiasme serait bientôt réduite en poudre si la poussée populaire en décidait ainsi : « Nous sommes de ceux qui estiment qu'il y a une coupable étourderie et un véritable danger à prôner d'avance des progrès dont la réalisation est encore très douteuse (1). »

La Conférence de La Haye n'osa pas faire œuvre définitive. Nous estimons que ce manque d'audace fut un bien. L'arbitrage, étant encore facultatif, résulte uniquement d'un accord intervenu entre deux souverains. Ceux-ci se résolvent à chercher une transaction à leur litige d'eux-mêmes, — peut-être sur le conseil d'une nation amie — mais sans y être forcés aucunement. Ils s'entendent pour rédiger un compromis. Dès l'abord, il y a donc la manifestation indubitable du bon vouloir de chacun. « Il n'y a aucune atteinte à la souveraineté des États (2). »

L'arbitrage doit donc avoir tout notre espoir. C'est lui qui préparera l'opinion qui, d'après les physiocrates, est la *regina del mundo*. Plus les solutions obtenues pacifiquement seront nombreuses, plus l'habitude grandira de recourir à elles. Ce ne seront plus seulement les petits litiges que l'on résoudra de cette façon, mais ce

---

(1) Cours de l'Histoire des traités de M. Pillet.

Nous tenons à rendre hommage à MM. Pillet et Renault dont nous suivîmes les savants cours à la Faculté de Paris et dont on trouvera trop souvent les idées dans les développements de cette étude pour que nous les signalions chaque fois en note.

(2) Funck Brentano et Sorel. *Précis du droit des gens*, p. 458.

seront aussi les questions les plus graves que l'on n'hésitera plus à confier à des arbitres.

La coutume s'est déjà faite en ce sens avec les questions de l'*Alabama* et des *Pêcheries de Behring*, et elle
pourra se faire encore tous les jours davantage. Or, ce
qui est la coutume est bien près d'être le sentiment.

Nous ne croyons pas nous abuser en concevant cet
espoir. Jamais rien n'a réellement confirmé les opinions
des théosophes qui considèrent la guerre comme une
dispensation céleste. « La guerre est le châtiment d'une
faute originelle (1), » dit Joseph de Maistre. « La guerre
est un principe d'action qui empêche la stagnation de
l'humanité (2), » écrivit de Moltke à Bluntschli le 11
décembre 1880. Guy de Maupassant réfuta cette théorie (3). Malthus (4) dans son *Essai* dit que la guerre
renouvelle la population et fait place aux générations
futures. Mais toutes ces phrases ne sont que des affir-
mations et il sied de leur opposer la fameuse parole
de Kant (5) : « Il n'est pas scientifique de dire qu'une
chose ne sera jamais parce qu'elle n'a pas été jusqu'ici. »

(1) Joseph de Maistre : Septième entretien des *Soirées de Saint-
Pétersbourg*.

(2) *Revue de droit international*, 1881, p.80.

(3) Guy de Maupassant. *Sur l'eau*, p. 69. Cf. de Vogüé. *Archives diplomatiques*, février 1891, p. 235 et s. — Lasson, *Das
culturidéal und der Krieg*.

(4) Malthus : *Essai sur le principe de population*. III, ch. I.

(5) Ch. Kant. *Essai philosophique sur la paix perpétuelle* p.373

Nous ne pensons pas que « désarmer serait déchoir » (1). Nous estimons au contraire que l'arbitrage facultatif ne sera qu'une transition vers une chose plus définitive, mais que, dès maintenant, son office est le plus sérieux, car par lui, la phrase de Mirabeau : « Le droit sera un jour le souverain du monde » trouve son application dans plus d'une circonstance.

Malgré son caractère *sui generis*, l'arbitrage est un instrument de droit.

M. Mérighac (2) nous dit qu'il est une création du droit des gens et que le compromis qui institue les arbitres est un contrat de droit international. « Les arbitres rendent de véritables arrêts juridiquement obligatoires pour les litigants (3). » Ce sont là des points acquis que personne ne conteste plus. Kluber (4) voit dans l'arbitrage un moyen de régler les différends par voie de justice. M. de Martens (5) fait remarquer que cette institution procède des principes du droit et qu'elle crée une obligation entre les parties. Calvo (6) précise plus encore quand il donne cette définition : « Il y a arbitrage quand deux Etats, ne pouvant s'entendre pour régler un diffé-

(1) *Désarmer ou déchoir*, livre de Goblet d'Alviella, 1872.

(2) *Traité théorique et pratique de l'arbitrage international* p. 5.

(3) M. Besson. *L'arbitrage international et la codification du droit des gens.* Revue politique et parlementaire, 1898, p. 465.

(4) Kluber et Ott : *Droit des gens modernes de l'Europe*, ii, 20.

(5) *Précis du droit des gens modernes de l'Europe*, ii, 20.

(6) Calvo : *Le droit international.*

rend sur une question douteuse de droit, délèguent d'un
commun accord à une troisième puissance le soin de
décider et de statuer comme juge en dernier ressort. »
Et il ajoute : « Les arbitres une fois nommés forment,
bien qu'ils ne tiennent leurs pouvoirs que des parties,
un corps indépendant, un véritable tribunal judiciaire. »

Les chefs d'Etat ne se présentent pas devant lui comme
des maîtres inégalement forts. Ils ne font pas faire des
démonstrations à leurs bataillons pour en affirmer l'autorité. Ils ne sont que « des personnes juridiques », et
sous cette qualité, ils sont tous égaux.

Si les droits des grands peuples ne sont jamais lésés,
où si l'étant, on ne refuse jamais de leur rendre justice,
c'est que, avec leurs canons, ces puissances auraient la
possibilité de se faire respecter. Les petites nations,
au contraire, sont toujours certaines d'être écrasées dans
une lutte inégale, lorsqu'elles sont menacées par des
voisins puissants. L'existence de l'arbitrage pourrait
leur être une protection, mais ces petits pays ont à
redouter aujourd'hui qu'aucun tiers n'accepte de devenir
leur arbitre, dans la crainte de s'aliéner le plus fort en
déclarant le Droit en faveur du plus faible.

Un professeur de l'Université de Munich, M. de Holtz-
endorff, fut tellement frappé de cette situation qu'il
affirma la nécessité de reconnaître, comme règle du
droit des gens, que, dans l'intérêt des pays neutralisés
qui doivent être mis complètement en état de se défendre
contre les exigences trop pressantes d'un voisin redou-

table, « toute contestation entre ce pays et ce voisin devrait être vidée par voie d'arbitrage » (1).

M. de Martens avait grandement raison quand il affirmait que toutes les formules nouvelles instituées pour le règlement pacifique des différends avaient plus en vue l'intérêt des faibles que celui des forts. Il ne parlait que des commissions internationales ; il aurait pu généraliser son appréciation qui aurait peut-être été plus vraie encore pour l'arbitrage où la sentence ne peut être éludée.

Par une anomalie extraordinaire, ce furent surtout les petits Etats qui s'opposèrent aux propositions du jurisconsulte russe...

La Médiation remplit une fonction qui pourrait paraître un peu parallèle à celle de l'arbitrage. Mais ces deux institutions procèdent de deux points de vue tout à fait différents.

Le Médiateur doit chercher avant tout la conciliation. Ce qu'il décrète est moins un jugement qu'un arrangement, et qui plus est, cet arrangement n'est nullement obligatoire pour les parties. Elles peuvent très bien ne pas l'accepter. « C'est un conseil plein d'autorité, dit Fiore (2), une opinion impartiale ayant par elle-même une grande autorité morale, mais qui ne devient pas pour cela obligatoire pour les litigants qui restent parfaitement libres

(1) Revue de droit international, 1876, p. 32 et s.
(2) Fiore : Droit international public.

2

de se conformer ou non à la proposition du médiateur
suivant qu'elles jugent ou non utile de l'admettre comme
base d'une transaction amiable (1) ».

Dans la réalité des faits, dans la question des *Caroli-
nes* par exemple, l'avis proposé par le médiateur fut toujours admis. Bismarck fit accepter la solution proposée
par le Pape.

D'après quelques auteurs, il y aurait entre l'arbitrage et
la médiation cette autre différence que le premier ne pourrait être employé que pour trancher les conflits *de nature
juridique*. La médiation aurait une portée plus générale.
M. Goldschmidt développa sur ce point les idées de Tredelenburg dans un « projet de règlement pour tribunaux
internationaux » qui fut présenté en 1874 à la session de
Genève de l'Institut de droit international. Il se demanda
dans cette étude ce que sont les contestations purement
juridiques. Il opposa aux difficultés juridiques « les contestations politiques de nature complexe ou les questions
de nationalité, d'égalité de droits, de suprématie consti-
tuant soit le fond même, soit la cause latente mais réelle
du différend... (2) » Jamais d'après lui les Etats possé-

_____

(1) Différence entre arbitrage et médiation. Ulpien. L. 13. § 2.
De receptis, 4, 8 : « Recepisse autem arbitrium videtur, ut
Pedius libro nono dicit, qui judicis partes suscepit finemque se
sua sententia controversis impositurum pollicetur. Quod si,
inquit, hactenus intervenit, ut experiretur, an consilio suo vel
auctoritate discuti litem paterentur, non videtur arbitrium
recepisse. »

(2 *Revue de droit international*. 1874 p. 422 et s.

dant quelque force de résistance ne s'inclineront devant
un juge, lorsqu'il s'agira de leurs intérêts suprêmes ou
réputés tels.

En effet, parfois entre deux États surviennent des difficultés occasionnées par une certaine situation politique
sans qu'il y ait question litigieuse au sens propre du mot.
Comment dans ce cas le juge concilierait-il les intérêts ?
La question du Vénézuéla en 1902 nous en offre un
exemple. Le droit étant incontestable et nulle contrainte
n'existant dans le droit international, la médiation aurait
pu seule être admise.

Ensuite il y a certaines questions touchant à l'honneur
que les nations ne consentiront jamais à soumettre à un
tribunal. Pour la guerre du Transvaal, on aurait compris,
avant l'ouverture des hostilités, que des arbitres exami-
nassent si l'Angleterre pouvait se plaindre de certaines
mesures législatives, mais après le premier coup de fusil,
la Grande-Bretagne n'aurait plus admis qu'on appréciât
sa conduite en s'immisçant dans ses affaires.

Pour les litiges mettant en jeu l'indépendance d'une
nation, le fait est le même. Les petits peuples pourtant n'hésiteront pas quelquefois. Le Transvaal sut
dès le premier jour de guerre que son indépendance
était en jeu. Néanmoins il réclama des arbitres que
son adversaire lui refusa, précisément parce qu'il
savait qu'au point de vue du droit ses prétentions à
la suzeraineté sur la République Sud-Africaine pouvant
résulter de la convention du 3 août 1881 paraissaient

avoir été abolies par la convention postérieure du 27 février 1884.

Nous déduisons de cet exemple qu'une nation faible n'hésitera pas à faire appel à l'arbitrage même pour les questions vitales.

Malgré cela, les auteurs, et parmi eux MM. Rolin Jacquemyns (1), Renault (2), Carnazza-Amari (3), Geffcken (4), Rouard de Card (5), Calvo (6), Olivi (7), Bonfils (8) considèrent les compromis relatifs à l'indépendance, l'intégrité, la puissance et l'honneur d'un pays comme frappés d'une nullité semblable « à celle qui atteindrait la renonciation conventionnelle à un droit primitif » (9).

Cette réserve fut faite également à La Haye. La Russie dans l'article 8 du projet qu'elle présenta à la Conférence dit que les puissances contractantes s'en-

___

(1) Discours prononcé à l'Académie des Sciences, des Lettres et des Beaux-Arts de Belgique, à la séance du 9 mai 1883 ; *Bulletin de l'Académie*, 1883. 1ʳ Partie, p. 647 et s.

(2) *Revue de droit international*, 1881, p. 22.

(3) *Droit international*, t. II, p. 560.

(4) *Sur Hefter* § 108, note 3.

(5) *L'arbitrage international : son passé, son présent, son avenir*, p. 56.

(6) Loc. cit. § 1775

(7) *Gli arbitrati internazionali*.

(8) *Traité de droit international*, p. 521 et 540.

(9) M. Pradier Fodéré repousse le compromis qui mettrait en question les droits de conservation et d'indépendance, mais l'accepte pour les cas où l'honneur et la dignité d'un Etat sont en jeu...

gagent à recourir à l'arbitrage pour toutes les diffi--
cultés « en tant que ces questions ne touchent ni aux
intérêts vitaux, ni à l'honneur national des parties en
litige ». Et l'article 9 ajouta que chaque Etat reste
seul juge de la question de savoir si tel ou tel cas doit
être soustrait à l'arbitrage comme touchant aux intérêts
vitaux ou à l'honneur national.

La médiation peut être employée dans la plupart des
cas d'où l'arbitrage est proscrit, mais elle n'a aucune
force obligatoire.

Il faut dire aussi que la sentence arbitrale n'a pour
elle qu'une puissance morale. Toutefois, plus l'arbitrage sera fréquent et entrera plus profondément dans
nos mœurs, plus il semblera facile d'obéir à des arbitres même en sachant que ceux-ci n'ont aucun moyen
de coercition. Le peuple qui de prime abord aura recours
aux armes, donnera « l'idée que son affaire n'est pas
juste ou que, si elle est juste, il ne s'en sert que comme
d'un prétexte pour obtenir d'autres résultats (1)... »

La fréquence de plus en plus grande de l'emploi de
« la clause compromissoire » dans les traités est un
perfectionnement réel. C'est quasiment créer un arbitrage obligatoire. La plus grande faveur salue tous les
jours cette institution. Des vœux et des résolutions diverses l'ont pour objet dans les conférences interparle-

(1) Calvo : *Le Droit international.*

mentaires, les congrès pacifiques et les parlements (1).

Il y a deux projets non réalisés de traité d'arbitrage permanent que l'on rappelle souvent, le premier du 24 juillet 1883 entre la Suisse et les Etats-Unis (2), le second entre les Etats-Unis et l'Angleterre du 11 avril 1897 (3). Mais le document le plus important de la matière est sans contredit le traité issu de la Conférence pan-américaine qui siégea à Washington du 2 octobre 1889 au 19 avril 1890 (4).

Nous n'oublions pourtant pas le traité d'arbitrage permanent conclu entre l'Italie et la République Argentine le 23 juillet 1898.

Quant à l'appréciation de la clause compromissoire, nous la considérons comme le résultat naturel du mouvement signalé dans les esprits. En réalité son influence n'est pas grande. Elle ne peut avoir d'effets par elle-même, car elle a besoin pour entrer en pratique qu'un nouvel accord intervienne dans la rédaction du compromis. Il se produira alors cette alternative. Ou bien les souverains ne seront plus dans le même état d'âme que

(1) Conf. Rouard de Card : *Les destinées de l'arbitrage international depuis les sentences de Genève*, p. 35 et s. *De la clause compromissoire et des traités d'arbitrage permanent*, Toulouse, 1899, p. 55 et s., et *Traité de l'arbitrage* de Mérighac, nᵒˢ 360 et s.

(2) Langlade, p. 115 et s. — Rouard de Card, p. 200 et s.

(3) Conf. les détails de Mérighac dans la *Revue du droit public*, 4ᵉ année, t. viii, p. 305 et s. — Langlade, p. 118 et s.

(4) Sur le congrès pan-américain, consulter : Price, *le Congrès des trois Amériques*, 1889-1890.— Rouard de Card, p. 44. et s.

jadis et dans ce cas ils soulèveront des difficultés pour le règlement de la procédure afin que l'arbitrage soit impossible ; ou bien ils auront encore le même désir de voir trancher pacifiquement leurs conflits et alors ils auront recours aux arbitres même sans avoir signé auparavant un traité.

En un mot nous faisons un grief à la clause compromissoire de leurrer le public. Si elle se trouve un jour en échec elle impressionnera très défavorablement l'opinion et sera un danger pour la cause de l'arbitrage.

Nous n'oublions pourtant pas les avantages que l'existence de cette clause peut rendre. Les litiges ne font que s'envenimer avec le temps, car les passions s'en mêlent. Or, s'il est un engagement pris, on n'hésitera pas à envisager de suite le recours à l'arbitrage. C'est pour cela que cette clause fut recommandée aux nations par l'Institut de droit international dans une résolution votée le 12 septembre 1877 à la session de Zurich (1).

Depuis 1801 jusqu'à 1870 l'ouvrage de la Fontaine compte 35 clauses générales applicables à tous les litiges qui pourraient surgir et 10 clauses spéciales visant les divergences susceptibles de résulter de l'application d'un certain traité. Nous avons remarqué que les clauses

(1) Tableau général des travaux de l'Institut de 1873 à 1892, p. 131. Conf. les *Documents* publiés par ordre du gouvernement néerlandais. II⁰ Partie, ch. III.

compromissoires furent surtout adoptées par les Etats américains dans leurs rapports mutuels (1).

C'est après la Conférence de La Haye qu'il y eut une véritable émulation entre les Etats d'Europe pour conclure des conventions d'arbitrage. La France et la Grande-Bretagne le firent le 14 octobre 1903. L'Angleterre et l'Allemagne signèrent un curieux traité en juillet 1904. « Si je le qualifie de curieux c'est qu'en 1899, l'Allemagne fut la puissance la plus intransigeante pour l'admission de cas même très restreints d'arbitrage obligatoire. — Il n'est toutefois que juste d'ajouter que ce n'est pas la même chose que s'obliger envers une vingtaine d'Etats ou envers un seul (2). »

La déduction logique que l'on ne répétera jamais trop en cette matière est que l'opinion publique est seule

---

(1) Traités portant une clause générale et permanente d'arbitrage : 1848, entre les Etats-Unis et le Mexique ; 1862, Belgique et Iles Hawaï ; 1864, Suisse et Hawaï ; 1868, Belgique et Siam ; 1872, entre les Etats de l'Amérique centrale ; 1874, Belgique et Pérou ; 1876, Belgique et République Sud-Africaine ; 1880, Colombie et San Salvador ; 1883, Suisse et San-Salvador ; 1884, Belgique et Vénézuéla ; 1887, Belgique et Equateur ; 1888, France et Equateur ; Suisse et Equateur ; 1889, Suisse et Congo ; 1890, entre les Etats signataires du Congrès de Washington ; 1894, Espagne et Honduras ; Pays-Bas et Portugal ; Espagne et Colombie ; Belgique et Etat libre d'Orange ; 1895, Honduras, Nicaragua et Salvador ; 1898, Italie et République Argentine.

(2) L. Renault. Préface du *Recueil* de A. Lapradelle et Politis, p. VI.

maîtresse de l'arbitrage. C'est elle qui détermine chaque pas en avant et qui par conséquent doit être considérée principalement car il importe qu'elle demeure favorable.

Dans la circonstance, il y a heureusement une facilité plus grande car la cause de la paix est la cause de chacun. L'école d'Adam Smith a des adeptes de plus en plus nombreux au moins en ce que l'intérêt personnel devient primordial entre tous. Il ne suffit pourtant pas de « laisser faire et de laisser passer ». Il faut faciliter la tâche des arbitres de façon à ce que leur rôle soit toujours imprégné du plus bel esprit de justice. Il faut que les juges soient les plus dignes de leurs fonctions, il faut que l'enquête soit la plus soigneusement menée et que la sentence soit la plus pure.

· En un mot, il faut que la procédure de l'arbitrage soit réglée (1).

Cette procédure, on ne peut l'étudier en raisonnant par analogie avec la procédure entre particuliers, dans le droit privé.

Dans cette dernière sorte d'arbitrage, en effet, que fait-on ? On substitue à une juridiction existante une juridiction particulière et l'on peut affranchir les arbitres

---

(1) Voir Calvo. *Le droit international*, 2ᵉ vol., p. 577. Edition de 1880. Opinions sur l'arbitrage de Grotius, Vattel, Montagne Bernard, Fivre, Pierantoni, Amari, Sheldon Amos, Frédéric Passy, Théodore Woolsey, Funck Brentano et Alb. Sorel, Francis Lieber, Emile de Laveleye, Charles Lucas, le comte Sclopis.

des règles ordinaires pour leur permettre de juger plus selon l'équité que selon le droit.

Dans l'arbitrage international au contraire, on crée une juridiction là où il n'y en a pas. Le bureau institué par la cour de La Haye n'est pas une juridiction. Il n'y a de tribunal pour des Etats qu'en vertu de leur volonté formelle. De plus, l'arbitrage entre Souverains n'intervient que pour trancher un litige. Tandis que pour la grande majorité des cas d'arbitrage entre patrons et ouvriers, il n'y a pas réellement litige. Il y a simplement désaccord sur les conditions d'un contrat.

M. Descamps dans son rapport (1) sur la Conférence de La Haye trace un tableau des difficultés que peut amener l'indécision dans les règles de la procédure arbitrale. Avant 1899 aucun règlement type n'avait été admis. « C'était la cause de déplorables lenteurs et d'incertitudes pouvant conduire même à des erreurs en forçant à des tâtonnements dangereux. Ces difficultés très grandes avaient, parmi d'autres inconvénients, celui de compromettre l'autorité de la sentence par les récriminations qui pouvaient être soulevées contre elle. » La Conférence de La Haye voulut combler cette lacune et la tâche lui fut facile, un *Projet de Règlement pour la procédure arbitrale* ayant été adopté par l'Institut de

(1) Descamps. Rapport, p. 34.

droit international (1) dans cette même ville de La Haye
le 28 août 1875.

Malgré cela de nombreuses critiques peuvent être
adressées à la Conférence de 1899. Son Règlement est
est tout à fait incomplet. Il élude les questions plus qu'il
ne les résout. Il n'avait à craindre pourtant aucun frois-
sement, nulle personnalité ne se trouvant en jeu. Peut-
être les puissances considéraient-elles à cette époque le
temple de l'arbitrage comme un château de cartes et
craignaient-elles de le voir s'effondrer au moindre con-
tact de leurs gestes ? Elles discutèrent avec le plus grand
souci du détail, avec une minutie provocante, ce qui
n'était aucunement difficultueux soit dans la doctrine,
soit dans la jurisprudence. Elles délibérèrent à peine sur
les questions importantes qui pouvaient exercer un effet
sur la marche et les conclusions du procès. Elles eurent
cet éternel argument de conciliation, – aveu de fai-

---

(1) M. Goldschmidt présenta dans la session de Genève (1874)
un projet complet, détaillé et motivé pour la procédure. Ce
projet fut discuté dans deux sessions à Genève et à la Haye et fut
adopté. Dans la session de Zurich (1877) on le compléta sur la
proposition de M. Bluntschli en recommandant la clause compromissoire et un autre article : « Si les Etats contractants ne sont
pas tombés d'accord préalablement sur d'autres dispositions
touchant la procédure à suivre devant le tribunal arbitral, il y a
lieu d'appliquer le règlement consacré par l'Institut dans sa
session de La Haye le 28 août 1875. » Le règlement fut communiqué par le bureau de l'Institut aux ministères des affaires
étrangères des divers pays. Les articles 2, 3, 9, 10, 12-15, 20-24
ont spécialement trait à la procédure.

blesse et excuse piteuse — que les parties sont laissées libres de changer dans le règlement proposé toutes les règles qui ne leur conviendraient pas.

Il arriva que les partisans de la paix se divisèrent en deux camps, les uns voulant faire de la sentence arbitrale un jugement, les autres voulant en faire une transaction.

M. L. Renault (1) osa dire franchement son opinion lorsqu'il écrivit ces lignes : « J'ose croire et affirmer, au risque de me voir comparer à M. Josse, que l'arbitrage international ne se développera sérieusement qu'en quittant d'une manière absolue le domaine politique et diplomatique où il a été longtemps confiné, pour rester pleinement dans le domaine judiciaire où il ne fait qu'entrer. C'est à cette seule condition qu'il inspirera confiance aux gouvernements et aux peuples, qu'il offrira des garanties surtout aux petits Etats trop souvent exposés à être victimes de considérations politiques. »

La procédure doit être dans un tribunal arbitral aussi strictement fixée que dans un tribunal de droit commun. Seulement au lieu d'être déterminée auparavant, une fois pour toutes, elle le sera pour chaque cas particulier et c'est dans le compromis qu'elle se trouvera inscrite.

Qu'est-ce que ce compromis (2) ?

(1) L. Renault. Préface du *Recueil* de A. Lapradelle et Politis, p. x.
(2) Voir Heffter : *Droit international de l'Europe*, p. 210.

C'est un contrat. Pour être valable, il doit d'après la théorie des obligations, contenir trois éléments : le consentement, la capacité et l'objet.

Le consentement doit être donné par les parties. C'est de l'évidence même. Quant à dire de qui doit provenir ce consentement, il faut consulter pour cela les dispositions du droit interne des Etats au sujet de la conclusion des traités.

Pour la capacité, le fait est non moins évident. Il est certain qu'un prince déchu n'aura pas le droit de signer un compromis au nom de ses anciens sujets.

Quant à son objet, le compromis doit porter la désignation exacte des arbitres ou de ceux qui doivent les nommer. Il doit préciser quelles seront les questions ou de droit ou de fait, qui seront étudiées.

Voici un exemple de questions de droit : La Commission instituée par les articles XII et XVII du traité de Washington de 1871 devait examiner si les principes généraux régissant le blocus consacrent la théorie de la continuité du voyage acceptée par la Cour suprême des Etats-Unis d'Amérique.

Exemple de question de fait : Le prince Napoléon, Président de la République Française, eut à décider en 1852 si la responsabilité du Portugal était engagée vis-à-vis des Etats-Unis pour n'avoir pas empêché dans le port de Fayal, la destruction par des vaisseaux anglais d'un navire américain.

Exemple d'un cas où des points de droit et de fait sont

soumis concurremment aux arbitres : Dans l'arbitrage
de Genève la mission du tribunal fut d'abord d'examiner
d'une manière générale si l'Angleterre avait conformé
sa conduite aux règles de la neutralité et ensuite de
décider séparément pour chaque navire si elle avait violé
ces règles.

Le compromis n'aura jamais trop de précision. En
général, il doit prévoir toute la procédure, mais pour
certains points il peut s'en remettre à la Cour de
La Haye (1). Les plus minces détails devront être soigneusement étudiés, car les moindres vices de construction sont capables de provoquer l'écroulement du plus
grand monument. Les deux Etats qui signent le compromis ont des difficultés l'un avec l'autre. Il y a certes
en eux un désir d'entente ; mais, lorsqu'il y aura la
sentence à exécuter, on aura à craindre un certain revirement dans l'opinion publique.

M. Rolin Jacquemyns (2) nous dit que dans la question célèbre de l'*Alabama*, il fallut près de six ans pour
arriver à conclure le traité du 8 mai 1872. Il faut dire
qu'avec ce traité le point dangereux semblait dépassé.
La dignité des deux peuples était sauvegardée. On avait

(1) Art. 5 du compromis signé à Londres le 13 octobre 1904
entre la France et le Royaume-Uni de la Grande-Bretagne et
d'Irlande : « Les dispositions de la Convention de La Haye du
29 juillet 1899 s'appliqueront à tous les points non prévus par le
présent compromis.

(2) *Revue de droit international*, 1873, p. 463.

même pris soin de déclarer jusqu'à la loi d'après laquelle les arbitres devraient juger. Malgré toutes ces précautions, alors même que les arbitres étaient déjà réunis, des questions de procédure et de compétence menacèrent de rendre impossible toute décision (1).

Il fallut de la part des deux gouvernements une volonté bien fermement pacifique pour parer à la rupture...

Tout le côté pratique de l'arbitrage est donc contenu dans la procédure et l'on comprendra l'importance extrême de cette étude.

(1) A la 11e réunion annuelle de la *National association for the promotion of national science* en septembre 1867, M. David Ross, membre du barreau anglais, s'exprimait ainsi :

« Pendant un séjour assez prolongé aux États-Unis, en 1865, je causai franchement avec des hommes de toutes positions dans les Etats du Nord et de l'Ouest et aucun d'entre eux n'avait le moindre mauvais vouloir envers l'Angleterre à cause de l'affaire du *Trent*, parce qu'ils pensaient que l'Angleterre avait eu raison dans le procédé extrême qu'elle avait employé ; mais j'en rencontrai peu comparativement pour parler avec calme des déprédations de l'*Alabama* et je ne sais si j'en ai rencontré un seul qui eût dit un mot en faveur de la paix si le Président des Etats-Unis avait décidé qu'il était nécessaire de demander réparation par la guerre. »

CHAPITRE II

Notions sur la procédure de l'arbitrage dans l'Histoire

Si l'antiquité pratiqua peu l'arbitrage, cela tient à ce que les peuples anciens, ayant un caractère essentiellement guerrier, avaient avant tout le désir d'agrandir leur domaine par la puissance des armes.

Pour Rome, il n'existait sur la terre que des Romains ou des alliés. Les autres étaient des ennemis.

L'idée religieuse était dominante à ces époques : « C'était une opinion courante chez les anciens que chaque homme n'a d'obligation qu'envers ses dieux (1) » et le fait d'adorer des êtres suprêmes autres que ceux de Rome constituait une injure envers la cité des Césars.

(1) Fustel de Coulanges. *Cité antique*, liv. III, ch. xv.

D'autre part l'arbitrage supposant une égalité réciproque de civilisation entre les parties litigantes n'aurait guère été très possible dans cette antiquité où les souverains avaient des mœurs trop inégalement perfectionnées.

Malgré cela il nous est signalé (1) des ententes intervenues entre certains peuples. Sont-ce plutôt des médiations que des arbitrages ? question douteuse qui importe peu en somme, l'intéressant étant de savoir que les tendances pacifiques se sont fait jour dans tous les temps.

Il y a d'ailleurs deux institutions qui sont là pour en permettre l'affirmation. Ce sont : le Conseil des amphictyons chez les Grecs et le Collège des féciaux chez les Romains.

Le vrai caractère du Conseil des amphictyons semble avoir été avant tout religieux : « C'était, dit Rossi, un Conseil spécialement chargé de la surveillance du temple et de l'oracle de Delphes. C'était le lien religieux plutôt que politique qu'il était appelé à maintenir chez le peuple grec et ce n'est qu'indirectement qu'il pouvait exercer de l'influence sur l'Etat (2). » « Le véritable caractère des amphictyons, dit Duruy, était de décerner des récom-

(1) Histoire des anciens traités et recueil historique et chronologique des traités répandus dans les auteurs grecs et latins et autres monuments de l'antiquité depuis les temps les plus reculés jusques à l'empereur Charlemagne, par M. Barbeyrac.

(2) Rossi. — Tome I, p. 33.

penses nationales, d'ériger des statues, des tombeaux à ceux qui avaient bien servi la patrie commune ou de jeter la malédiction sur la tête coupable (1). »

Les amphictyons étaient des ligues de peuples se réunissant pour délibérer sur leurs affaires communes.

Leur grand Conseil représentait douze peuples de la Grèce. Il tenait ses assemblées tantôt aux Thermopyles, à l'ombre du temple de Déméter, déesse de la paix et des serments, tantôt à Delphes près du trépied de la Pythie et sous l'invocation d'Apollon, dieu de l'équité. Mais « il réussissait très rarement à réconcilier deux cités (2). »

D'après Strabon, ce fut un roi d'Argos, Acrisios, qui, le premier, fit modifier un peu les attributions religieuses et administratives de ce conseil. C'est lui qui prit l'initiative de faire décider par jugement des querelles des villes. On trancha notamment de cette manière un procès fameux entre les Athéniens et les Délossiens qui se disputaient la possession d'un temple placé dans l'île de Délos.

Grotius nous transmet plusieurs cas tendant à montrer que le principe de l'arbitrage était en honneur en Grèce. Aristote rapporte avec éloge que Périclès afin d'éviter la guerre avait voulu « prendre des arbitres pour terminer les différends ».

(1) Duruy. — *Histoire de l'ancienne Grèce.* T. I.
Revue des Deux Mondes, 1er mars 1899.
(2) Valbert : *L'arbitrage international et la paix perpétuelle.*

Malgré ces témoignages il est difficile, nous semble-t-il, de traiter ces amphictyons comme des arbitres. Pour la manière dont étaient menées les enquêtes et rendues les sentences, nous ne trouvons rien dans cette institution grecque qui soit réellement un précédent des règles de notre procédure internationale.

Pourtant Thucydide nous rapporte un traité intéressant conclu entre les Athéniens et les Lacédémoniens. Dans une de leurs clauses, les deux peuples stipulaient que des juges désignés, les uns par des Athéniens, les autres par les Lacédémoniens, seraient chargés d'examiner et de trancher les différends qui pourraient s'élever entre les deux cités contractantes.

Un des modes que nous employons aujourd'hui pour composer nos tribunaux internationaux était donc déjà employé en Grèce.

La procédure suivie par ce tribunal était celle des procès. L'arbitre désigné par les parties en vertu d'un compromis particulier assignait le temps et le lieu du jugement. Les parties envoyaient leurs commissaires chargés d'exposer et de défendre leurs prétentions. L'arrêt de l'arbitrage se rédigeait en deux exemplaires et était ordinairement déposé dans des temples ou autres lieux publics. Les parties s'engageaient par serment à s'y conformer (1).

Quant à la désignation des arbitres, les auteurs anciens nous apprennent que le choix se porta sur des

(1) Schœmann, *Griechische Alterthümer*, II, 4 et 5. (1859).

villes, sur de simples particuliers et même sur des vainqueurs des jeux olympiques (1).

L'oracle de Delphes joua un rôle très prépondérant
en cette matière.Cela s'explique aisément, car on deman-
dait par son intermédiaire l'expression de la volonté
divine. Parfois cet oracle donna la solution à la controverse. Souvent il se borna à désigner le lieu dans lequel
on devait prendre les arbitres.

Dans la discussion qui s'éleva entre les rois des Cy-
rénéens, il conseilla de choisir un citoyen de Mantinée.
Cette mission échut à un Mantinéen du nom de Démo-
nax (2).

A Rome, le Conseil des fétiaux avait des attributions
qui, autant que nous les connaissons, avaient toutes
rapport au droit international. Nous avons énormément
de documents sur elles et pourtant l'obscurité règne
encore.

Nous connaissons le texte des formules prononcées
par le *pater patratus* dans les diverses circonstances.
Lorsqu'une difficulté surgissait, une délégation de fétiaux
partait pour la frontière ennemie et là exposait les griefs
du peuple romain et les satisfactions qu'il lui faudrait
donner. Puis elle retournait à Rome. Un délai de trente-

(1) Par exemple,à un de ces vainqueurs se sont adressés les Ar-
cadiens et les Eléens lors d'un différend à propos de frontières.
Laurent, ii, 138.
(2) Barbeyrac, t. i, p. 58.

trois jours s'écoulait. Si les satisfactions requises étaient
refusées, les fétiaux retournaient à la frontière déclarer
que les Romains allaient chercher eux-mêmes les moyens
de faire respecter leurs droits. La question venait ensuite
devant le Sénat et le peuple. Si la guerre était votée, le
pater patratus allait au bord du territoire ennemi et y
lançait le javelot symbolique.

Plus tard, toutes ces choses se firent par fiction et
c'est à Rome sur un poteau figurant la terre étrangère
que le javelot fut projeté.

Mais la connaissance que nous avons de ces faits est
insuffisante.

Les fétiaux n'étaient-ils que le porte-parole du Sénat
Romain ?

Leurs gestes peuvent n'avoir été que le formalisme
d'une déclaration de guerre. Tite-Live ne nous renseigne
pas sur ce sujet. Cependant, même en ne raisonnant que
sur ces détails, sans savoir si le *pater patratus* avait
un droit de conseil dans le Sénat, cette institution des
fétiaux avait, d'après nous, un grand avantage qui était
celui de parfaitement préciser la réclamation romaine.
Le temps était donné pour la réflexion et par conséquent
un terrain d'entente était beaucoup plus facile à trouver.

Ce qui est à craindre avant tout dans une controverse
entre nations ce sont les petits combats faits inopiné-
ment, dans l'excitation d'un moment, car ils rendent
ensuite tout accord impossible.

Cicéron et Bossuet furent de ceux qui saluèrent avec

le plus d'éloquence ce collège de prêtres romains :
« Sainte Institution s'il en fût, s'est écrié l'Aigle de
Meaux, et qui fait honte aux chrétiens à qui un Dieu
venu pour pacifier les choses n'a pu inspirer la charité
et la paix. »

A côté des fétiaux, il existait à Rome des juges en
quelque sorte internationaux qui devaient veiller à ce que
justice soit faite à chacun. Ils devaient connaître les
conflits pouvant s'élever entre Rome et les autres nations
tant en matière publique qu'en matière privée. Mais ils
n'étaient institués que par les traités spéciaux que Rome
voulait bien octroyer à quelques-uns de ses voisins.

Quant à la différence qu'ils offraient avec les Fétiaux,
M. Weiss (1) la résume en disant de ces collèges :
« C'étaient deux rouages distincts du même organisme. »

Si nous n'allons pas aussi loin que M. Revon qui nie
absolument l'existence d'arbitrages réels dans les anti-
quités grecques et romaines (2), du moins, nous sommes
dans une grande incertitude, pour ne pas dire dans
l'ignorance, pour comprendre le véritable caractère des
institutions anciennes. La conséquence en est qu'à part
certains renseignements sur le mode de choix des arbitres, nous ne trouvons ici aucun détail concernant la
procédure *stricto sensu* de l'arbitrage.

(1) Weiss : *Le droit fétial et les fétiaux à Rome.*
(2) Revon : *L'arbitrage international*, p. 87 et 94.

Voyons ce qui se passa en France au moyen âge.

Le système d'organisation de la féodalité aurait dû être essentiellement pacifique, s'il avait fonctionné régulièrement. Les seigneurs auraient dû, lorsqu'une difficulté surgissait entre eux, s'en remettre au roi qui était leur suzerain suprême et la question aurait été tranchée comme un procès ordinaire.

On retrouvera plus tard cette institution dans le *Tribunal austrégal* de la Confédération Germanique. L'article XI de l'acte constitutif de la Confédération Germanique prescrivait que les Etats confédérés ne devaient se faire la guerre les uns aux autres sous aucun prétexte, ni chercher le règlement de leurs différends par la force des armes, sans en référer à la Diète. Celle-ci se chargeait de la médiation entre les Etats qui avaient des contestations entre eux.

Mais lorsque cette même difficulté avait lieu entre deux rois, la question devenait plus délicate, personne n'ayant le droit d'imposer sa volonté à ces deux puissants de la terre.

C'est alors qu'apparurent de véritables arbitrages.

En 1334, un traité de paix fut négocié par l'entremise de Philippe de Valois, roi de France, entre Jean, duc de Brabant, et, d'autre part, Jean, roi de Bohême, et un certain nombre de seigneurs. Mérignhac dit que l'on ne sait si ce cas fut un exemple d'arbitrage ou de médiation. Il a tort évidemment, car le roi de France s'y qualifie lui-même de juge nommé, « traicteur et amiable

compositeur ». Un compromis fut rédigé, dans lequel
furent énoncées toutes les raisons de discorde et les
points sur lesquels le juge devait statuer. La sentence
fut rédigée en forme de jugement. Ce sont là autant de
motifs pour nous permettre d'affirmer que cet acte
de 1334 fut un véritable arbitrage.

En 1343, fut écrit en latin « un traité de paix et de
concorde finale » entre Magnus III, roi de Suède, et
Waldemar III, roi de Danemarck. Il y est parlé du
moyen d'arranger les affaires difficiles. Les bienfaits de
la paix sont grandement vantés et la question du compromis y est étudiée. Si quelques difficultés graves,
ardua negotia, s'élèvent entre la Suède et le Danemarck,
on désignera trois évêques et trois chevaliers choisis
parmi les plus prudents de chacun des deux royaumes.
Ceux ci se réuniront dans les douze semaines à compter
de la réclamation adressée à l'un des deux princes ou à
son successeur par deux conseillers de la partie adverse.
Ensemble ils chercheront une solution. S'ils ne par-
viennent pas à s'entendre, la cause sera remise à deux
d'entre eux choisis par leurs pairs, l'un parmi les Sué-
dois, l'autre parmi les Danois, et ces deux arbitres déci-
deront en dernier ressort. Les souverains contractants
s'engagent à exécuter la décision des arbitres.

Ceci est un exemple typique des traités du moyen âge.

Pour la plupart, les compromis de cette époque s'oc-
cupent assez peu de la procédure. Un point pourtant est
presque toujours indiqué, c'est le délai dans lequel les

juges devront rendre leur sentence. Il y a même une répétition fréquente de la permission donnée aux juges de décider comme il leur plaira et sans se soucier « des liens ordinaires de la procédure ». Dans le libellé de leur jugement, les arbitres manquent rarement de dire qu'ils ont mûrement examiné la question et qu'ils expriment leur avis en pleine connaissance de cause.

Nous empruntons à M. Pillet (1) un dernier trait qui est peut-être le plus caractéristique de cette époque un peu rude. Dans tous les traités, on se préoccupe surtout de l'exécution de la sentence. On accumule les précautions pour l'assurer. On établit pour cela la menace d'une peine toujours considérable, parfois abandonnée à la discrétion de l'arbitre. Les sûretés habituelles sont diverses : c'est l'apposition du sceau des parties, ce sont des serments exigés, des constitutions de gage, des mises en séquestre des biens contestés, et même l'accession de fidéijusseurs auxquels on permet de se mettre en révolte contre leur seigneur si le besoin s'en fait sentir.

Le Pape lui-même ne craignait pas d'user de ses pouvoirs religieux pour assurer l'exécution des sentences qu'il rendait. Ainsi, le roi d'Angleterre, Jean-sans-Terre, accablait ses sujets d'exactions injustes. Il les volait même dans leurs biens. Des différends s'élevèrent. Innocent III fut prié de les juger. Mathieu Paris nous dit

(1) M. Pillet. — *Histoire des Traités*, Cours de 1903-1904.

que cet arbitre souverain, « pénétré de douleur à cause
de la désolation du royaume », entendit les griefs des
sujets et la défense du roi. Ce dernier fut condamné et
refusa d'admettre la sentence. Innocent III consulta alors
« des cardinaux, des évêques et autres personnes pru-
dentes », et frappa d'anathème Jean-sans-Terre. Celui-ci
se soumit.

Quelques années plus tard, les barons d'Angleterre
se révoltèrent et extorquèrent par la violence au monarque vaincu des promesses que, redevenu libre, il
se refusa à tenir. Ses sujets le pressèrent. Abandonné
de tous, Jean s'adressa au Pape qui lui donna raison.
Les barons subirent une sentence d'excommunication.

Ces exemples suffisent pour montrer combien la cause
de l'arbitrage était considérée comme très sérieuse.

Le Pape était l'apôtre de la justice et l'Eglise très
puissante, pesait de toute sa force pour éloigner les fléaux
de la guerre.

« L'Eglise a de tous temps, dit M. Katschenovsky (1),
considéré comme désirable et utile pour elle-même l'union
égalitaire des peuples. » Elle a prêché contre l'écrase-
ment des faibles par les forts, et par son pouvoir spiri-
tuel, elle se trouva placée mieux que tout autre pour faire
prévaloir son idée.« Au moyen âge il fallait, pour dominer,
un homme muni d'une autorité très haute, d'une puissance très générale, d'un caractère humain et divin à la

(1) Katschenovsky. *Cours de droit international*. T. II.

fois. Cet homme, ce fut le Pape (1). » Souvent on recourut à lui pour avoir une solution. « To the Pope, the head
of the church the world looked for judgment in political
quarrels (2). »

Usant parfois de ses prérogatives de chef suprême
de l'Eglise, il se mit tout au service de la paix. On le
vit garantir les traités par une bulle confirmant les
conventions sous peine d'excommunication. « On peut,
dit Louis XI dans une instruction pour Jean d'Arçon,
un de ses ambassadeurs, on peut garantir une promesse par des places-fortes, mais le Pape est encore le
meilleur garant pour consacrer des obligations par lettres, liens divers, autorisation (3). »

Ward (4) retrace comme il suit la situation que le
Pape avait dans le monde : « Celui qui occupait la chaire
de saint Pierre, dit-il, était jusqu'à un certain degré le
maître de l'Europe. » Il se trouvait en dehors des luttes
politiques et jamais l'intérêt n'agissait pour le rendre
partial tant soit peu. Comme le dit M. de Maulde dans sa
Diplomatie au temps de Machiavel, il était « la première
autorité internationale ».

---

(1) Revon. *L'arbitrage international.*
(2) *International arbitration*, par Eleanor L. Lord.
(3) R. de la Maulde-la-Clairière. *La diplomatie au temps de
Machiavel.* T. III, p. 231.
(4) Ward. An Enquiry into the fundation and history of the
law of nation in Europe. II, 37.
Voir : *Pouvoir des Papes au moyen âge*, par l'abbé Gosselin.
1845.

De nos jours, le Pape est encore choisi comme arbitre ou médiateur par les puissances. Léon XIII fut choisi par l'Allemagne et par l'Espagne en 1886. La *Post* de Berlin, journal officieux, dans un article sorti, dit-on, des bureaux de la chancellerie impériale, affirma que l'Allemagne avait choisi dès l'origine le Pape non comme un médiateur ordinaire auquel on demande d'interposer ses bons offices en vue d'un rapprochement entre les parties intéressées, mais comme un arbitre souverain, chargé de décider en dernier ressort et de résoudre doctrinalement la question de droit international.

En 1896, le général Turr, Président du XII⁰ Congrès de la paix à Budapest, envoya un hommage au Pape Léon XIII. Voici comment le cardinal Rampolla lui répondit au nom du Souverain Pontife : « L'hommage rendu au Saint-Père par le VII⁰ Congrès universel de la paix, lui a été extrêmement agréable parce que dans cet acte de déférence, il a pu aisément reconnaître un témoignage public de respect rendu au haut ministère de la paix dont est revêtu le chef de l'Eglise. En effet, le travail le plus noble du Souverain Pontife a été de faire régner dans le monde la justice et la paix. »

S'il y avait des différences au moyen âge dans la procédure, lorsque le Pape était arbitre ou lorsque c'était un autre Souverain, aujourd'hui au contraire il y a complète égalité.

Les arbitrages furent tous les ans de plus en plus nombreux. Le XIX⁰ siècle en vit éclore davantage tous les jours. Mais, dans l'ancien droit et particulièrement au moyen âge, les Etats soumettaient aux juges leurs propres droits, tandis qu'à notre époque, ils leur soumettent les droits de leurs sujets. « Ceci est un peu tranchant comme toute formule, dit M. Pillet, mais n'est pas éloigné de la vérité. » On ne voyait autrefois que des Etats compromettant soit sur des questions de territoire, soit sur les prérogatives de leur souveraineté, là où cette souveraineté se trouve divisée entre plusieurs ayants droit. L'arbitrage de nos jours est à peine employé pour certaines questions de frontières d'un intérêt tout à fait secondaire, tandis qu'il sert constamment pour trancher des questions d'indemnité pécuniaire dans lesquelles l'intérêt de l'Etat n'apparaît pas au premier plan. Ce sont des questions de droit qui deviennent internationales par le devoir de protection dont l'Etat s'acquitte envers ses nationaux.

Aujourd'hui l'arbitrage semble vouloir se rapprocher de la médiation. Nous avons déjà signalé cette tendance. Il n'y a plus l'accumulation de sûretés que le moyen âge aimait à avoir. La force morale suffit la plupart du temps pour assurer l'exécution des sentences.

CHAPITRE III

Nomination des arbitres

Pour les litiges de droit privé, les particuliers doivent recourir aux juges de droit commun, personnages officiels institués par les pouvoirs publics. Pour les litiges de droit international nulle juridiction permanente n'existe encore. Le tribunal ne trouve son existence que dans la volonté de ceux qu'il va lui être donné de juger. C'est un point un peu singulier dont on trouve quelques exemples dans certains procès privés de l'antiquité (1).

L'impartialité du juge n'aura pas à souffrir de cette circonstance malgré l'apparence. L'arbitre devra se pénétrer de la hauteur de sa fonction, et l'idée de justice devra dominer en lui à ce point que ses sentiments nationaux en soient presque annihilés.

(1) Cicéron. *Pro Cluentio*, XLIII.

C'est dans le compromis que les puissances litigantes font la désignation de leurs arbitres.

Quels peuvent être ces arbitres ?

Nous devons poser cette question dès l'abord, car la procédure qui sera suivie dans la suite dépend un peu de la personnalité du juge.

La Conférence internationale américaine de Washington (1), qui siégea du 2 octobre 1889 au 19 avril 1890, nous renseigne sur la liberté complète que l'on a de choisir ses juges. L'article vii des règles qu'elle émit, dit : « Le choix des arbitres ne comporte ni limites ni préférences. » L'article viii dit que « le tribunal peut être unipersonnel ou collectif. »

Les parties sont absolument maîtresses de leur volonté et l'histoire des tribunaux internationaux offre les compositions les plus diverses.

Au moyen âge, les Papes furent souvent, presqu'habituellement même, choisis comme arbitres. Puis, ce furent des souverains, des princes. Les évêques furent sollicités, les parlements, les sénats, celui de Hambourg notamment, des conseillers, des Facultés de droit comme celle de Bologne. Et plus près de nous dans le xixe siècle, des demandes furent adressées au roi des Pays-Bas, au président de la République française, au roi de

_____

(1) La question de l'arbitrage devant la Conférence internationale américaine de Washington. — *Revue de droit internationale et de législation comparée.* T. xxvii. p. 537.

Prusse, au Tzar, à la Cour de Cassation de France, même à de simples particuliers comme dans l'affaire Ben Tillett...

Et l'on ne peut songer à donner une énumération des cas où les deux nations intéressées choisirent chacune des arbitres pour en former un tribunal.

Si nous cherchons à classer un peu le genre de personnalités auxquelles on recourut, nous voyons d'abord les souverains.

Pourquoi eut-on une tendance à s'adresser ainsi aux chefs d'Etat ?

L'on eut une tendance à s'adresser à eux parce que leur sentence se trouvait avoir plus de chance d'être exécutée, un refus pouvant être considéré quasiment comme une injure par le chef d'Etat, juge. Un tel personnage, même quand il se prononce comme arbitre, ne supporte pas facilement qu'on critique ses résolutions.

Dans l'affaire de Portendick, par exemple, entre la France et la Grande-Bretagne (30 novembre 1843), l'arbitre Frédéric-Guillaume IV, roi de Prusse, ne motiva pas sa sentence. Le baron de Bulow en donna une des raisons en disant : « Donner les motifs de la sentence, ce serait s'exposer à des critiques et à des contestations ultérieures peu compatibles avec le caractère d'une décision suprême et finale (1). »

(1) Recueil de De Clercq, VII, p. 138 et Recueil des arbitrages internationaux de A. Lapradelle et Politis, t. I, p. 544.

4

Dans l'arbitrage par souverain, nul désaccord n'entrave la marche des affaires. Le jugement est unique. La procédure est simplifiée par l'absence d'agents des parties et de toute plaidoirie. L'arbitre statue uniquement sur des pièces écrites. Le caractère d'autorité domine et des jurisconsultes disent que *le plaideur se défie du juge et le juge du jugement.*

Il y a aussi à ce choix une raison quasiment psychologique. Il semble être un peu dur pour un État d'accepter une décision provenant d'un simple particulier, d'un être qu'on serait porté à considérer, sinon comme méprisable, du moins comme négligeable. Tandis que si le jugement est rendu par un souverain la question changera. Un roi comme un président de république jouit du prestige d'une certaine supériorité qui pour être surtout conventionelle n'en a pas moins beaucoup de force.

Comme contraste à ces avantages, MM. A. de Lapradelle et Politis (1) constatent, à propos de l'affaire de 1844 entre la France et le Mexique, pour une responsabilité d'actes de guerre, qu'un chef d'Etat « préoccupé de ne pas infirmer par sa sentence la valeur des principes de droit international suivis par son pays est très mal placé pour rendre un jugement impartial et désintéressé ».

Le choix que l'on fait d'un souverain a l'inconvénient

(1) Recueil de A. de Lapradelle et Politis, t. i, p. 159.
Voir également sur ce point *International Courts of arbitration,* by Thomas Balch, 1874. Réimprimé à Philadelphie, 1899.

dé donner au tribunal arbitral un caractère politique, quand il devrait demeurer toujours juridique (1).

Ensuite les chefs d'Etat ne sont pas exempts des faiblesses des personnes d'un rang moins élevé. M. Balch a développé cette idée : ni prince, ni paysan, une fois nommé seul juge, ne peut résister à la tendance innée chez l'homme de trouver une solution qui partage les différences pour laisser les parties en dispute également non satisfaites.

Ceci est une argumentation contre le système du tribunal unipersonnel. M. Balch (2) ne fit pas une critique directe contre l'arbitrage par souverain. M. Lieber la fit et son argument est des plus justes. « Le choix d'un monarque, dit-il, présente cette bizarrerie que le seul personnage publiquement connu comme juge est précisément le seul qui, dans le cours ordinaire des choses, ne s'occupe pas lui-même de la question en litige, qui ne peut le faire et de qui personne n'attend qu'il le fasse. »

---

(1) Voir Calvo, t. III, n° 1761-62 ; Rouard de Card, p. 52 ; P. Fiore, p. 633, t. II ; Kamarowsky, p. 330.

(2) C'est à M. T. Balch qu'est due la pensée initiale d'un tribunal arbitral qui trancha les difficultés nées entre l'Angleterre et les Etats-Unis pendant la guerre de Sécession à propos de l'*Alabama :* dès le 31 mars 1865, dans une lettre adressée à M. W. Hundington, correspondant à Paris du journal *La New-York tribune,* il recommandait le plan même d'arbitrage qui, quelques années plus tard, devait être adopté à Genève. On trouve dans le volume de M. T. Balch (p. 14) le texte de cette lettre.

La conséquence en est, disons-nous avec Bluntschli, que les personnes inconnues que le souverain charge de préparer le jugement n'offrent pas assez de garanties. Elles ne sont pas responsables.

Aujourd'hui, ce mal est un peu atténué. La publicité est grande et le souverain ne cherchera nullement à cacher, parfois même il dira les noms des membres de sa commission et ceux-ci ne travailleront plus dans l'ombre.

Un seul défaut subsiste encore. M. Balch l'indiquait : un chef d'État se trouve toujours plus ou moins intéressé aux affaires des autres peuples. Il lui sera très difficile de faire abstraction de ses préférences, et ce sera quelquefois à son insu qu'il laissera passer dans son jugement une légère pointe de partialité.

M. Mérignhac, dans son Traité de l'arbitrage international, s'efforce de réfuter cette pensée. Il dit avec Calvo « que ses appréhensions envisagent des cas trop rares pour pouvoir motiver une exclusion générale ; que d'ailleurs, on n'a pas constaté qu'elles se soient réalisées dans l'histoire de l'arbitrage. »

Nous n'ajouterons qu'un mot pour dire que ce sont les sentiments qui déterminent les jugements, or les sentiments sont très subtils. Ils se revêtent d'un dehors trompeur. Bien malin serait celui qui sous les motifs et les considérants d'un jugement saurait pénétrer l'intime pensée qui fit que telle chose fut retenue et telle autre négligée.

Voici enfin un dernier inconvénient de l'arbitrage par souverain : Dans l'affaire de la frontière Nord-Est entre les États-Unis et la Grande-Bretagne (1) (10 janvier 1831), le roi des Pays-Bas, au moment où il fut choisi pour arbitre avait le pouvoir absolu sur la Hollande et la Belgique, anciennement Provinces-Unies et Pays-Bas. Par des événements subséquents qui se produisirent quelques mois avant l'étude de la question et le prononcé de la sentence, la Belgique fut séparée de son territoire et de son gouvernement. L'arbitre, privé des trois cinquièmes de ses sujets ne fut donc plus roi des Pays-Bas au moment de la sentence.

Que décider dans un tel cas ?

Le souverain reste arbitre à moins qu'il ne résulte du compromis que c'est *en sa première qualité et en raison de cette qualité que le mandat lui a été confié* (2).

Les mêmes arguments peuvent-ils être apportés lorsque l'arbitre unique que l'on choisit se trouve être un simple particulier, un jurisconsulte célèbre par exemple ? Dans le dernier tiers du xixᵉ siècle on trouve un grand nombre d'arbitrages de ce type (3).

Au moyen âge, il se passa un fait assez singulier :

(1) A. Lapradelle et Politis, p. 354.
(2) *Recueil* de A. Lapradelle et Politis, t. i, p. 354.
(3) Sentence de M. Carvalho du 26 mai 1872 (Brésil, Suède et Norwège, affaire des navires *Queen* et *Para*) ; sentence de M. de Martens du 13-25 février 1897 (Grande-Bretagne, Pays-Bas, affaire du *Costa-Rica*, Packet.

Jean Desmarets, avocat, avait été nommé arbitre dans
le différend qui s'était élevé après la mort de Charles V
en 1380 entre les ducs d'Anjou, de Bourbon et de Berry,
pour la formation d'un conseil de régence. La sentence
rendue sur le rapport de Desmarets fut homologuée au
Parlement par arrêt du 2 octobre 1380. « Desmarets
paya cher, dit l'historien de l'Ordre des avocats, le dangereux honneur de juger les querelles des princes ».
Ceux-ci mécontents de la sentence le *compromirent dans
une affaire politique*. Rien ne put le mettre à l'abri des
vengeances et *il périt sur l'échafaud*. « On peut, dit
Velly, considérer cette mort comme un des événements
les plus honteux du règne de Charles VI et peut-être
comme un de ceux qui contribuèrent le plus aux cala-
mités publiques »

Dans l'affaire Ben Tillett, en 1896, l'Angleterre et la
Belgique remirent leur litige entre les mains d'un Fran-
çais, M. Arthur Desjardins, avocat-général à la Cour de
Cassation, membre de l'Institut.

Nous ne pensons pas que la chose se présente ici avec
les mêmes caractères que pour un souverain. D'abord un
particulier est un peu moins au courant des affaires
extérieures. Il n'aura presque certainement pas d'intérêts à soigner comme les chefs d'Etat en ont. Ensuite les
parties peuvent prendre des précautions pour s'assurer
le plus possible la bonne foi de leur juge. Il leur est
facile de fixer certaines règles de procédure, certaines
conditions que l'arbitre devra suivre.

Celui-ci, simple particulier, n'aura nullement la possibilité d'aller contre elles. Il n'en serait pas de même pour un souverain ; on ne dicte pas sa conduite à un président de la République ou à un roi. On s'en remet complètement à sa bonne volonté.

Entre le tribunal unipersonnel et le tribunal collectif il semble possible de classer un mode intermédiaire. C'est celui qui consiste à prendre comme arbitre un corps constitué.

Ce genre de tribunal est unipersonnel, car il forme une unité dont toutes les parties viennent du même milieu. Il est collectif, car il fait appel à plusieurs hommes et c'est de leur discussion que devra jaillir la sentence.

Les arbitrages de la Faculté de droit de Bologne et du Sénat de Hambourg sont déjà un peu anciens.

En 1899, la France eut des difficultés avec le Nicaragua à propos d'un achat de navires ; ce fut l'affaire du *Phare* (1). Les deux pays résolurent de demander une solution de leur conflit à la Cour de Cassation de France qui, après un temps d'hésitation, accepta. Elle siégea toutes Chambres réunies et trancha la question (2).

(1) La Fontaine. *Pasicrisie internationale*, p. 225.

(2) V. Lieber (Lettre à W. Seward), *Revue de droit international*, année 1870, p. 482 ; P. Fiore. T. ii, p. 634 ; Carnazza-Amari, T. ii, p. 562 ; Kamarowsky, p. 331 ; Bluntschli, *Volkerrecht*, § 489 et F. de Martens, p. 152.

Nous ne croyons que l'on puisse trouver dans l'histoire deux faits comme celui-ci. Le procureur-général à la Cour de Cassation en parlant dans cette affaire put commencer en ces termes : « Messieurs, deux souverainetés inégales en puissance, égales en titre à l'indépendance... se sont engagées, sur un litige qui les divise, à s'incliner devant la souveraineté de votre décision. La souveraineté du Nicaragua a consenti à tenir pour l'expression de la raison et de la justice une solution qui sera l'œuvre d'une juridiction instituée par une souveraineté, son adversaire. La souveraineté française a renoncé à se prévaloir de la supériorité de sa force et à se faire justice elle-même pour n'obtenir que de vous la réparation de ses griefs, s'ils sont légitimes. Il y a là, des deux parts, un grand, un solennel hommage au droit et à la Cour de Cassation qui en sera l'interprète... »

Comme précédents à ce jugement de la Cour de Cassation, M. Renault rapporte un certain nombre de cas où nos anciens Parlements, notamment le Parlement de Paris (1), jugèrent comme arbitres entre des souverains, mais leur propre souverain était en dehors du litige.

Calvo (2) rappelle un différend entre la Grande-Bretagne et le Paraguay. On proposa de le soumettre à l'examen des avocats de la couronne britannique. Cette

(1) Voir Choppin, *Traité du domaine,* livre ii, titre 5, n° 9.
(2) Calvo : *Le droit international,* T. i. § 354 (3ᵉ Edition).

proposition fut rejetée. Nous estimons que ce fut avec raison. Certes l'esprit de justice est le plus haut et l'on peut avoir foi en lui ; néanmoins nous pensons que pour une question très importante, le Nicaragua n'aurait pas fait appel à la Cour de Cassation de France.

La forme d'arbitrage la plus fréquente dans les temps modernes consiste à créer un véritable tribunal. Ce fut fait le 8 mai 1871 par les Etats-Unis et la Grande-Bretagne, le 15 janvier 1880 par la France et les Etats-Unis, le 2 novembre 1882 par le Chili et la France...

L'avantage est que devant de tels juges, les compétences sont largement représentées. La procédure peut être publique. Les questions les plus difficiles sont creusées avec soin. Qu'on lise, si l'on en doute, les opinions du Dr Nicholl, de C. Gôre, de W. Tinkney dans la troisième commission mixte du traité Jay.

Les modes de désignation des arbitres sont divers, car les parties sont absolument libres d'agir selon leur caprice.

Le plus souvent, elles nomment elles-mêmes leurs juges et en indiquent chacune un nombre égal. Les gouvernements ont ce privilège.

En passant, nous signalons une exception qui se produisit en 1894. M. Hersent, un Français, souffrit un dommage de la part du gouvernement portugais par l'inexécution d'engagements relatifs à l'entreprise de travaux dans le port de Lisbonne. La France appuya sa demande d'indemnité et il fut convenu que la question serait soumise à un tribunal arbitral composé de trois membres dont l'un serait nommé par M. Hersent (1).

Quelquefois les parties s'en rapportent à un tiers pour la désignation des arbitres.

Dans la question des *Pêcheries de Terre-Neuve*, les parties contractantes élurent directement leurs juges.

Dans l'affaire de l'*Alabama*, une partie du tribunal fut nommée par les litigants et une autre par des nations tierces.

On recommande beaucoup de nommer les arbitres en nombre impair pour qu'une majorité puisse s'établir aisément. Lorsque les deux puissances nomment chacune un même nombre de juges, on recourt à la désignation d'un surarbitre.

Tantôt on le choisit dès le début de la procédure ; tantôt on attend que dans le vote une majorité n'ait pas pu se former. Dans ce cas l'on peut dire que l'arbitrage est remis en ses mains, car c'est sa décision qui fera pencher la balance d'un côté ou de l'autre. Un désagrément forcé se produira alors, c'est que l'on devra recommencer toute l'instance devant lui.

En 1866, les Etats-Unis conclurent un traité avec le Vénézuéla pour soumettre un différend à l'arbitrage. Le compromis décida que les deux arbitres choisis par les parties nommeraient le surarbitre et, s'ils ne s'accor-

(1) Journal *Le Temps.* 5 mai 1894.

daient pas, le choix devrait être dévolu au représentant de la Suisse ou à celui de la Russie à Washington (1).

On trouve dans quelques traités cette clause : « Si les parties ne s'entendent pas sur le choix du surarbitre on tirera au sort quelle est la partie qui le désignera. » Ce procédé est absolument nuisible. Le surarbitre, comme nous l'avons vu, sera le seul à faire prévaloir son opinion, lorsque les autres juges seront séparés en deux camps. Or, est-il rien de plus faux que de s'en remettre au hasard pour obtenir une décision juridique. Ce mode d'agir est un contresens que l'on ne saurait trop blâmer.

Pour la constitution du tribunal arbitral, l'Institut de droit international dans son projet de règlement pour la procédure s'exprime ainsi (2) : « A défaut de désignation du nombre et des noms des arbitres dans le compromis, le tribunal arbitral sera composé de trois membres et la marche à suivre pour former le tribunal arbitral se réglera selon les dispositions prescrites par le compromis ou par une autre convention. A défaut de disposition, chacune des parties contractantes choisit de son côté un arbitre et les deux arbitres ainsi nommés

(1) Nous pourrions citer encore une grande quantité d'autres exemples. Nous attirerons l'attention sur l'article 3 du traité d'arbitrage permanent signé le 23 juillet 1898 à Rome entre le représentant de la République Argentine et le Ministre des Affaires Étrangères du Royaume d'Italie.

(2) Article 2.

choisissent un tiers arbitre ou désignent une personne
tierce qui l'indiquera. »

M. Goldschmidt avait présenté un système qui parut à
l'Institut être trop compliqué. Il avait proposé, pour le
cas où le compromis aurait été muet sur la question, que
le tiers désigné nomme neuf personnes au moins. Chaque
partie aurait pu en rejeter trois. S'il en était resté plus
de trois sur la liste, le tiers aurait tiré au sort.

La Cour de La Haye ne fit presque que reproduire les
vœux de l'Institut. Dans son article 24, elle dit que le
surarbitre est nommé par les arbitres, et que son choix
sera confié à une puissance tierce désignée d'un commun accord par les parties, s'il y a partage des voix. Si
l'entente ne peut se produire encore, chaque partie désignera une puissance tierce et le choix du surarbitre sera
fait de concert par les puissances ainsi désignées.

Ce surarbitre d'après l'article 34 des règles de la Conférence de La Haye est de droit président du tribunal.
Quelquefois on ne nomme un surarbitre que pour avoir
un homme chargé de diriger la discussion et d'imprimer
plus d'unité à la procédure. Comme il se peut d'autre
part que parmi les autres membres se trouve un jurisconsulte qui soit imposé par sa haute personnalité, le
compromis peut porter la désignation de son président.
M. Renault constate que, dans le silence du compromis,
la règle d'après laquelle le surarbitre est président lui
semble imposée par la Convention de La Haye.

Nous indiquons vaguement une question incidente :

le nombre des arbitres doit être assez restreint pour
que la responsabilité qui pèse sur eux ne se trouve pas
réduite au néant, ce qui arriverait si elle se répartissait
sur un trop grand nombre de têtes...

Comment les parties doivent-elles procéder pour se
nommer des juges? Doivent-elles les choisir parmi leurs
nationaux ?

Voici une question que M. Alexandre Corsi, professeur à l'Université de Pise, étudia dans un article (1)
très intéressant dont nous traduisons les idées principales :

« Dans les litiges de l'*Alabama* et des *Pêcheries de
Behring,* on fit entrer dans la composition du tribunal
des arbitres appartenant aux deux nations en désaccord.
On crut par là rendre hommage à la souveraineté des
États. »

Mais M. Corsi considère cette pratique comme mauvaise. Il trouve ses arguments dans l'attitude prise dans
l'*Alabama* par le juge anglais, sir Alexander Cockburn,
et surtout dans l'insuccès obtenu par le compromis rédigé à la suite de la guerre du Pérou entre le Chili d'une
part et la France, l'Angleterre et l'Italie d'autre part. Il
y eut deux causes à cet échec. La première fut que le
tribunal comprit un surarbitre désigné par l'Empereur
du Brésil, un Autrichien, et un troisième arbitre qui

(1) *Arbitrati internazionali :* Alessandro Corsi, professore di
diritto internazionale all' universita di Pisa, p. 26.

selon la nationalité du réclamant devait être français,
anglais ou italien. Or, imperturbablement, l'arbitre chilien se prononça pour la décision favorable à son pays.
L'arbitre de l'État opposé fit de même. L'avis du surarbitre l'emporta donc toujours.

La deuxième cause fut que le surarbitre désigné par
le gouvernement brésilien, M. le baron Lopes Netto, se
fit remarquer par l'impartialité de ses sentences, tandis
que son successeur, nommé on ne sait par quelle intrigue
mit tout son cynisme à donner toujours raison, à tort et
à travers, aux représentants du gouvernement chilien.

Devant son parti-pris, la France, l'Angleterre et
l'Italie renoncèrent à l'arbitrage et obtinrent du Chili
une transaction.

La manière de composer un tribunal est essentiellement délicate.

« Les juges d'un tel tribunal devraient être des
neutres. Les belligérants ne doivent apparaître que dans
leur seul caractère vrai, celui des plaideurs. » Lorimer
s'exprima ainsi dans une lettre (1) restée célèbre. « Mais
pour amoindrir l'aversion que les nations altières et

(1) Cette lettre de M. Lorimer fut adressée en mars 1865 à la
New-York Tribune. Elle fut publiée dans ce journal à la date du
13 mai 1865. La *Tribune* de cette année se trouve à la Biblio-
thèque publique de New-York. Deux ans plus tard, cette lettre
fut republiée en Angleterre dans *Social Science* le 15 mars 1867,
p. 201 et 202, dont un exemplaire se trouve au British Museum.
Social Science était la revue bi-mensuelle de la *National Association for the promotion of Social Science*.

jalouses ont naturellement de remettre leur honneur et
leurs intérêts à d'autres puissances, il serait désirable
que chaque État plaideur retienne la nomination directe
d'un membre de la Cour d'arbitrage en garantissant de
ne pas le choisir parmi ses propres citoyens. »

Ce procédé enseigné par Lorimer fut employé dans le
litige existant entre les Américains et les Mexicains.
Les arbitres furent pris dans des pays étrangers. Les
Etats-Unis choisirent un Anglais et un Russe. Le Mexique
désigna deux Hollandais. Un surarbitre fut nommé.

Quelques auteurs critiquent cette façon et disent que
les gouvernements refuseront bien souvent de recourir
à l'arbitrage si aucun de leurs nationaux ne doit les
représenter comme juge. Certes, ils auront toujours leurs
avocats, mais un avocat n'a pas la parole aussi libre
qu'un membre du tribunal dont l'influence est forte.

M. L. Renault prit position dans cette controverse en
s'inspirant un peu de la doctrine de Lorimer. Dans un
commentaire (1) qu'il donna de l'affaire *Fondo piadoso
de Californias*, il reconnaît très bien la justesse des opinions adverses. Il ne cherche pas à anéantir l'une au
bénéfice de l'autre. Il concilie.

D'après lui, chaque État nommera deux arbitres, mais
n'en choisira qu'un seul parmi ses nationaux. Le surarbitre n'aura pas une situation prépondérante et les deux

(1) Compte rendu des séances et travaux de l'Académie des
Sciences morales et politiques. Avril 1903.

États en litige seront sûrs que leurs arguments seront présentés avec justesse, puisqu'ils auront des partisans dans le tribunal lui-même.

Dans l'arbitrage qui trancha les difficultés des *Pêcheries de la mer de Behring*, présidé par M. le baron de Courcel, M. Visconti Venosta fut désigné par l'Italie et M. Gram par la Suède. Il y eut donc plusieurs éléments internationaux.

Voici quelques mois à peine, un compromis (1) fut signé entre la France et le Royaume-Uni de la Grande-Bretagne et d'Irlande. Les ratifications furent échangées à Londres le 18 janvier 1905. L'article 1er est formulé ainsi : « Chacune des hautes parties contractantes nommera un arbitre, et ces deux arbitres ensemble choisiront un surarbitre ; si, dans le délai d'un mois à partir de leur nomination, ils ne peuvent tomber d'accord, le choix d'un surarbitre sera confié à S. M. le Roi d'Italie. Les arbitres et le surarbitre ne seront pas sujets ou citoyens de l'une ou l'autre des hautes parties contractantes et seront choisis parmi les membres de la Cour de La Haye.

Quant aux conditions (2) que l'on doit remplir pour être arbitre, elles sont assez vaguement définies. M. Goldschmidt, dans le n° 7 de son projet de règle-

___

(1) *Journal officiel,* 28 janvier 1905.

(2) Voir sur ce point les ouvrages de M. Calvo, § 1765, de M. Kamarowski, p. 330-331, de M. Olivi. *Gli arbitrari internazionali.*

ment pour les tribunaux internationaux, pose les règles suivantes : « Sont incapables de remplir l'office d'arbitre les personnes âgées de moins de quatorze ans révolus et les personnes en état de démence. » Pour d'autres, les femmes ne peuvent être choisies. Elles le furent pourtant quelquefois. On connaît les sentences arbitrales prononcées par la maréchale de Lavardin et Mme de Nesle (1), la décision rendue par Alix de Savoie, veuve de Louis VI, entre les comtes de Flandre et de Champagne. Il n'y avait anciennement rien d'étonnant à ce choix des femmes. Jeanne de Bourbon, Mathilde, comtesse d'Artois, Marguerite, fille de Baudoin, ne siégèrent-elles pas comme juges à la Cour des pairs ? Le traité de Cambrai en 1529, ne fut-il pas appelé le *Traité des Dames* parce qu'il avait été négocié par deux femmes, Louise de Savoie, mère de François Ier, et Marguerite, épouse de Charles V ? N'est-ce pas Platon qui voulait que les femmes eussent les mêmes droits et les mêmes occupations que les hommes ?

Dans le xixe siècle, nous n'avons connaissance d'aucun arbitrage rendu par une femme. Nous exceptons bien entendu la femme considérée comme chef d'État, car dans ce cas on sait très bien que ce sera une Commission qui étudiera la question et que la souveraine se contentera de faire sienne sa décision.

Les fonctions d'arbitre étant libres, il dépend de cha-

(1) Merlin. Répertoire de jurisprudence au mot *arbitrage*.

cun de les refuser. Mais dès que celui-ci a commencé à procéder, il s'est formé entre lui et les parties une sorte de devoir qui l'oblige. Cependant il peut renoncer, mais il doit se fonder sur des causes légitimes. C'est la question du *déport*. Elle diffère essentiellement de l'empêchement.

Le *déport* est l'acte par lequel l'arbitre se récuse lui-même ou se démet de ses fonctions. C'est lui qui, de son plein gré, prend cette détermination et la fait connaître aux parties, abstraction faite de la légitimité du motif qui le porte à prendre ce parti.

L'*empêchement*, au contraire, est toute cause qui empêche l'arbitre de remplir sa mission. Les auteurs de droit international donnent de nombreuses énumérations des cas de récusation. Nous nous contenterons de citer celle de Fiore qui est une des plus complètes.

L'arbitre désigné pourra être récusé :

1° S'il ne remplit pas les conditions de capacité.

2° S'il est établi qu'il est intéressé à la contestation.

3° Si cet arbitre étant un souverain, il est constaté qu'il existe entre lui et un autre État une difficulté identique à celle qu'il est appelé à trancher.

4° Quand le souverain désigné comme arbitre a déjà prêté ses bons offices ou servi de médiateur pour arriver à un arrangement.

5° Quand, par suite de circonstances nouvelles, on peut établir qu'il n'est plus en état de juger avec l'impartialité qu'on attend de lui et à raison de laquelle on l'avait choisi...

Il y a dans cette énumération des cas dont l'appréciation peut être difficultueuse. Nous ne savons pas quel est le degré de capacité que tout arbitre doit posséder. Nous pensons que nul règlement n'aura en cette matière la force de l'intérêt que chaque puissance a de bien désigner ses arbitres.

CHAPITRE IV

Questions préliminaires : A. Le siège. B. La langue
C. La publicité. D. Les auxiliaires de la justice arbitrale

———

LE SIÈGE

Le tribunal arbitral doit être organisé dans des circonstances telles que la liberté la plus grande lui soit laissée. On doit veiller à ce que rien ne puisse entacher son impartialité, et pour cela, il faut le placer autant que possible dans un milieu où aucune influence ne se fasse sentir dans un sens ou dans un autre.

Quel sera le siège du tribunal ? Voilà une question qui doit être posée.

Bien entendu, nous ne parlons ici que du cas où le tribunal est formé par une commission composée d'arbitres désignés. Lorsque le juge est un souverain ou un corps constitué la question n'est plus du tout la même.

Si les États suivaient dans la rédaction de leurs compromis les règles préconisées par le Dr Goldschmidt dans le projet de règlement pour tribunal international qu'il présenta à l'Institut de droit international en 1874 (1) à la session de Genève, il y aurait un avantage spécial à veiller très soigneusement au choix d'un lieu de résidence.

L'article 33 de ce projet dit en effet que le recours contre la sentence, lorsqu'il y en a un, doit être porté devant le tribunal ou tribunal arbitral désigné ou nommé à cet effet dans le compromis ou dans une convention subséquente des parties. A défaut de désignation ou nomination pareille, ou si l'on ne parvient pas à former valablement le tribunal arbitral désigné, ou si le tribunal arbitral formé valablement est dissous, ou si le tribunal désigné refuse de décider, le recours doit être porté devant la Cour suprême de l'Etat ou territoire où a siégé le tribunal arbitral. »

(1) Ce projet fut mis en délibération à Genève aux séances des 1er et 2 septembre 1874. Sur la proposition de M. Parieu la rédaction définitive fut renvoyée à une session ultérieure, et le règlement a été adopté à la session de La Haye et voté le 28 août 1875.

Le projet est rapporté dans la *Revue de droit international.* 1874. p. 507 et s.

Le plan d'arbitrage adopté à Washington le 17 avril 1890 ne répéta pas cette règle. Il dit simplement dans son article 13 que le tribunal exercera ses fonctions dans l'endroit qui lui sera désigné par les parties. Le compromis contiendra cette indication. Si les parties ne sont pas d'accord à ce sujet, le tribunal fera lui-même élection de son siège.

Ceci est à peu de chose près ce que le projet de l'Institut de droit international avait dit en 1875 (1). Mais il avait de plus envisagé un cas négligé plus tard à Washington : « Le tribunal arbitral n'est autorisé à changer de siège qu'au cas où l'accomplissement de ses fonctions au lieu convenu est impossible ou manifestement périlleux. » On peut prévoir en effet une épidémie, un soulèvement populaire et quantité d'autres circonstances (2).

Un procédé très correct que l'on trouve dans des compromis de 1794 et 1814 entre les Etats-Unis et l'Angleterre consiste à autoriser les arbitres à transporter à leur

---

(1) L'article 8 de ce projet dit textuellement : Si le siège du tribunal n'est désigné ni par le compromis, ni *par une convention subséquente des parties*, la désignation a lieu par l'arbitre ou la majorité des arbitres.

Ce règlement de l'Institut a été inséré dans la *Revue de droit International*, 1875. p. 227 et s. On la retrouvera encore dans Bluntschli : *le droit international codifié*, p. 536 et s. ; Calvo, p. 507 et s. ; Kamarowsky, p. 322 et s.; Rouard de Card. *Les destinées de l'arbitrage international*. Appendice, document A n°, 2 ; Pradier-Fodéré, n° 2.620 à la note.

(2 Kamarowsky, p. 176.

convenance le siège de leurs délibérations en un lieu autre que celui qui avait été primitivement désigné.

Dans l'affaire des *Fonds pieux* de Californie, l'article 9 du compromis disait : « Le tribunal pourra siéger à Bruxelles s'il juge bon de ne pas siéger à La Haye. » Il ne fut pas fait usage de cette latitude.

La commission mixte de l'article v du traité Jay pour l'affaire de l'identité de la rivière de Sainte Croix le 25 octobre 1798 changea de lieu de résidence. Le compromis le lui permettait. Elle alla à Saint-André en 1796 et à Boston en 1797.

La Conférence de La Haye envisagea cette question dans l'article 36 de ses règles : « Le siège du tribunal est désigné par les parties. A défaut de cette désignation, le tribunal siège à La Haye. Le siège ainsi fixé ne peut, sauf le cas de force majeure, être changé par le Tribunal que de l'assentiment des parties.

Une chose intéressante à constater également est que les jurisconsultes qui se sont occupés de la possibilité d'instituer un Tribunal international permanent ont indiqué presque tous une ville qui, d'après eux, devrait être le siège de ce haut tribunal.

Lorimer, après avoir exprimé le désir qu'il existât une langue internationale qui aurait été le français, dit que la ville qui semble toute indiquée pour abriter la juridiction suprême est Constantinople.

Le traité de Washington indique Genève.

Les auteurs varient donc sur le lieu du siège du

tribunal arbitral, mais conseillent en général le choix de la capitale d'un petit Etat (1).

Le traité d'arbitrage général et permanent signé le 23 juillet 1898 entre l'Italie et la République Argentine eut un article 5 ainsi conçu : « A défaut d'accords spéciaux entre les parties, il appartiendra au tribunal de fixer l'époque et le lieu de ses séances, hors des territoires des Etats contractants, de choisir la langue... »

En général, on siège dans un Etat neutre.

Il ne faut pourtant pas oublier que le tribunal pour les *Pêcheries de la mer de Behring* siégea sans inconvénient à Paris en 1893.

D'autre part, il suffit de lire certains journaux de Londres ou de New-York à la veille de la décision arbitrale dans l'affaire de l'*Alabama* pour voir que la liberté d'esprit des arbitres (sinon leur tranquillité personnelle) aurait été violemment troublée, si le tribunal au lieu de se tenir à Genève avait eu son siège dans la capitale de l'Angleterre ou dans celle des Etats-Unis.

Pour cette affaire, ce fut un choix parfaitement convenable et heureux que celui de la Suisse, pour le pays, et de Genève, pour la ville où le tribunal devait tenir ses sessions...

Dans nulle autre contrée, il n'eût été possible d'évi-

(1) Conf. Kamarowsky, p. 176 et Mérighnac, n° 239. *Traité de l'arbitrage.*

ter l'effet des défiances locales ni de s'affranchir de
toute influence politique étrangère à l'objet de l'arbitrage (1).

LA LANGUE

Pour la question de la langue qui sera employée devant
le tribunal, il n'y a ici qu'une raison de commodité qui
intervienne.

Les parties peuvent désigner la langue qu'elles désirent
dans le compromis, mais alors elles auront de devoir de
désigner des arbitres connaissant parfaitement cet
idiome. Cette clause aura l'immense désavantage d'em-
pêcher quelquefois de choisir les hommes les plus aptes
à résoudre la controverse en question.

Presque toujours on préférera laisser aux arbitres le
choix (2), ce qui sera infiniment préférable.

Dans l'affaire de *l'Œil-de-la-mer*, les arbitres assem-
blés pour juger ce conflit de frontières entre l'Autriche
et la Hongrie se réunirent à Vienne les 5 et 6 avril 1902.
Ils rédigèrent un règlement fixant la procédure à suivre
et leur cinquième article porta ces mots : « La procédure

(1) V. Caleb Cushing. *Le traité de Washington*, p. 95.
(2) Projet de règlement de l'Institut. art. 9. § 2.
Le tribunal arbitral décide en quelle langue ou quelles langues
devront avoir lieu ses délibérations et les débats des parties et
devront être présentés les actes et les autres moyens de preuve.
Il tient procès-verbal de ses délibérations.

a lieu en allemand. Elle comprend les débats oraux, les délibérations des arbitres, l'énonciation de la sentence(1) »

Admettre plusieurs langues dans les séances serait très incommode, dit M. Kamarowsky. « Cet emploi, dit M. de Martens, serait absurde dans les discours, très nuisible dans les négociations et non sans quelques inconvénients dans les traités. »

Cependant il y a un grand nombre de conventions modernes conclues surtout par l'Angleterre et les Etats-Unis d'Amérique qui ont été dressées en deux langues.

Ce procédé ne nous semble pas être très bon, car il peut y avoir quelquefois de grandes difficultés pour faire la traduction. Par la suite, on pourra interpréter de diverses façons le même fragment de phrase selon qu'on le prendra dans un texte ou dans l'autre.

Il y a un moyen de remédier à cet inconvénient : c'est de déclarer l'un des deux textes prépondérant. Il sera indiqué que l'autre n'est qu'une traduction, par conséquent en cas de controverse ce sera au premier qu'il faudra se référer. Malheureusement ici une nouvelle objection surgit : l'entente pour le choix de la langue prépondérante sera-t-elle facile ?

Bien entendu nous ne parlons dans les paragraphes précédents que des cas où les arbitres parlent des lan-

---

(1) Article 38 des règles de la Conférence de La Haye : Le tribunal décide du choix des langues dont il fera usage et dont l'emploi sera autorisé devant lui

gues différentes. S'ils parlent la même langue, la question ne se pose même pas. Quand les arbitres parlent des langues différentes, c'est à eux qu'il appartient de décider selon leurs convenances.

Lorsque la procédure admise par le compromis est une procédure exclusivement écrite, c'est-à-dire que la sentence sera donnée uniquement sur le vu des mémoires et des contre-mémoires, l'entente sera souvent plus facile, car il est tout à fait différent de savoir déchiffrer des phrases écrites ou de suivre le fil d'une plaidoirie.

Pour l'affaire *des Fonds pieux*, le premier tribunal arbitral de La Haye prit la résolution suivante dans sa séance du 15 septembre 1902 : « Quant à la question des langues, le Président déclare que le tribunal a décidé que la langue française sera celle du tribunal, sauf le droit des parties de parler aussi en langue anglaise. »

Ce fut donc en français que furent faites toutes les communications du tribunal, la sentence, les procès-verbaux. Mais les avocats furent autorisés à employer la langue anglaise. La difficulté se produisit alors. M. Beernaert, conseil du Mexique, eut à répondre à l'avocat des Etats-Unis qui avait parlé en anglais. Le tribunal lui demanda de le faire de suite, mais cet avocat dut solliciter un délai parce qu'il n'avait pas très bien compris, n'ayant qu'une connaissance imparfaite de l'anglais.

L'histoire nous raconte qu'un incident s'éleva une

fois entre la France et les Etats-Unis d'Amérique pour une question analogue.

Dans une dépêche du quai d'Orsay, le verbe *demande* qui était employé comme l'expression d'un désir très courtois du gouvernement de la France fut traduit par le mot *demands* qui constitue par son caractère impératif une véritable impertinence (1)...

D'après M. de Martens (2), il faut distinguer la langue de *cour* et la langue d'*Etat*.

Entre les puissances qui n'ont pas la même langue chacune considère aujourd'hui comme un avantage qu'on se serve de la sienne.

« Comme aucun Etat n'a un droit à cette prérogative, on avait introduit depuis longtemps l'usage de la langue latine comme d'une langue neutre. On l'employait dans les lettres, dans les négociations, dans les traités... Mais depuis que, surtout sous Louis XIV, la langue française est devenue la langue presqu'universelle des cours, elle a été substituée dans une multitude de relations à l'usage du latin, tant dans les correspondances des cours et des ministres que dans les négociations et les traités. »

Maintenant le français a perdu sa suprématie. Et il serait d'ailleurs tout à fait ridicule d'imposer la langue française à un tribunal qui peut ne comprendre, par exemple, que des arbitres parlant la langue anglaise.

(1) Dumas. *Revue politique et parlementaire*, 1901, p. 319.
(2) *Précis du droit des gens moderne.* T. II, p. 24.

Au traité de Washington, la langue maternelle du comte Sclopis était l'italien, celle du baron d'Itajuba le portugais et celle de M. Staempfli, l'allemand. Le comte Sclopis parlait et écrivait l'anglais. M. Staempfli le lisait. Toutefois tous les arbitres savaient bien le français. Cette langue fut donc admise. Et ce devint un cas assez bizarre où le tribunal employa une langue qui n'était celle d'aucun de ses membres (1).

DE LA PUBLICITÉ DES DÉBATS

C'est au tribunal lui-même qu'il appartient encore de décider si les débats seront publics ou s'ils auront lieu à huis-clos. Aucune obligation n'est imposée et la solution peut varier avec chaque genre d'affaire.

Il est des questions délicates pour lesquelles l'opinion publique peut se surexciter. L'inutilité est donc grande de donner libre cours aux interprétations souvent fantaisistes des journaux. Une agitation pourrait résulter de leurs mauvaises informations. Les arbitres pourraient être l'objet de certaines pressions et leur impartialité ne saurait qu'en souffrir.

Au cours des débats, des révélations fâcheuses pour l'une des parties en cause, sinon pour les deux, pouvant

(1) Voir Cushing, *Le traité de Washington*, p. 35.

être faites, il faut également être en mesure de ménager la susceptibilité des Etats.

Lorsque c'est un corps constitué qui est choisi pour arbitre, comme il siège dans la forme qui lui est coutumière, ses séances ont généralement leur publicité habituelle.

Dans l'affaire du *Phare,* la Cour de cassation de France agit ainsi. Mais si le litige avait été d'un intérêt plus délicat, nous pensons que cette Cour n'aurait pas hésité à rompre avec ses habitudes pour juger à huis-clos.

Dans l'affaire des *Fonds pieux* ce fut pour une circonstance spéciale que des mesures furent prises. Le président du tribunal décida avec l'assentiment des parties que les débats seraient publics, mais que, vu l'exiguïté de l'espace qui pourrait être réservé au public, celui-ci ne serait admis que sur présentation de cartes spéciales délivrées par le secrétaire général de la Cour permanente d'arbitrage.

Nous avons vu l'inconvénient de la publicité des audiences. Le huis-clos n'a pourtant pas toutes les préférences. Il empêche de surveiller les agissements des arbitres. La présence d'un public admis aux débats est une sorte de contrôle, mais il faut prendre garde de l'exagérer. Nous savons que les avocats, sinon les juges, tiendront les parties au courant de l'affaire à mesure qu'elle se déroulera. Mais, outre que cela peut être insuffisant, la curiosité publique est une force qui exige qu'on la satisfasse. Nous estimons pourtant que l'effet de cette curiosité est plutôt néfaste, car si parfois elle pousse au jaillissement de la vérité, elle se détermine trop souvent en suivant ses passions et elle engendre par suite la confusion plus grande.

Ce qui est préférable à notre avis, c'est de n'admettre à l'audition des débats qu'un public restreint composé de diplomates, de jurisconsultes, de publicistes connus.

L'article 41 des règles de la Convention de La Haye envisagea ce cas : « Les débats sont dirigés par le Président. Ils ne sont publics qu'en vertu d'une décision du tribunal prise avec l'assentiment des parties. »

Dans l'affaire de l'*Œil de la mer* en 1902, la sentence ne fut pas prononcée publiquement.

Dans l'affaire de l'*Alabama*, quand le tribunal siégea en séances régulières, c'est-à-dire à partir du 15 juillet, les agents et les conseillers des deux gouvernements furent, en règle générale, autorisés à y assister. Le tribunal se réserva de déclarer le huis-clos quand il le jugerait nécessaire. Il le fit à partir du 26 août, en dépit de l'opposition de Sir Alexander Cockburn. Jusqu'à la Conférence finale du 14 septembre, il siégea sans l'assistance des agents et des conseils. Ni le public, ni les représentants de la presse venus en grand nombre à Genève, surtout de Londres et de New-York, ne furent admis dans la salle des séances. Les difficultés soulevées par ce litige célèbre (1) étaient trop délicates pour que la plus extrême prudence ne fût commandée.

Nous ajouterons que pour cet arbitrage de Genève les parties furent très régulièrement tenues au courant de la marche des travaux par le tribunal lui-même.

AUXILIAIRES DE LA JUSTICE ARBITRALE

Il n'y a que quelques mots à dire sur ce point.

Devant les juges ordinaires, les particuliers, parties au procès, se font représenter par des auxiliaires qui prennent leur défense en expliquant les motifs de leur conduite au tribunal.

Devant les arbitres il en est de même, mais au lieu que ce soient des particuliers, ce sont les États qui se font représenter.

Un pays peut avoir plusieurs de ses nationaux comme arbitres, il lui faudra néanmoins désigner des personnes chargées d'exposer son cas. La mission du juge n'est pas celle de l'avocat : il est donc nécessaire d'avoir des agents spéciaux.

Toutes les commissions arbitrales en ont de semblables.

L'article 13 du règlement de l'Institut dit que chaque

(1) Bibliographie de l'affaire de l'*Alabama*. Voir Kamarowski, p. 215.

partie pourra constituer un ou plusieurs représentants auprès du tribunal arbitral.

Le traité de Washington (1) de 1871 et le traité du 19 février 1892 suivirent cette pratique.

Les agents, dont nous parlons, ne sont pas les seuls nommés. Ils sont les seuls officiels, mais, à côté d'eux dans l'ombre, afin de les aider dans leurs recherches, il y a des conseils spéciaux. Ce sont, en général, des diplomates expérimentés, des jurisconsultes savants, des avocats renommés.

(1) Par les articles 2, 13, 23 et 38 du traité de 1871 et l'article 2 du traité de 1892.

Deuxième Partie

—

PROCÉDURE PROPREMENT DITE

PROCÉDURE PROPREMENT DITE

La procédure proprement dite de l'arbitrage est l'ensemble des règles que les arbitres doivent suivre pour faire l'instruction, pour diriger les débats et pour rendre la sentence.

C'est le compromis qui en contient toutes les dispositions. Les moindres détails doivent y être soigneusement précisés.

« Pour éviter toute difficulté, dit Vattel (1), pour ôter tout prétexte à la mauvaise foi, il faut déterminer exactement dans le compromis le sujet de la contestation, les prétentions respectives et opposées, les demandes de l'un et les oppositions de l'autre. »

(1) Vattel, *Le droit des gens.* Livre ii, ch. xvii, § 329. Edit. Guillaumin, t ii, p. 305.

Afin de donner aux puissances des exemples de rédaction, la Conférence de La Haye traça des règles qui peuvent être considérées comme les dispositions-types de la procédure. Mais ces règles ne sont nullement obligatoires. Les parties en recourant à l'arbitrage créent un tribunal là où régulièrement il n'y a aucune juridiction, par conséquent elles gardent parfaitement la possibilité d'édicter tous les règlements qu'elles veulent.

Le mode de conduire la procédure diffère d'ailleurs selon les formes qu'emploie l'arbitrage pour la composition de son tribunal.

Tout d'abord il y a trois cas qui réclament peu de développements : celui où l'arbitre choisi est un souverain, celui où il est un particulier, celui où c'est un corps constitué.

Examinons-les successivement avant d'aborder en détail le cas où c'est une sorte de commission dont font partie plusieurs arbitres, qui a ces fonctions de justice.

Lorsque l'arbitre est un chef d'État, la liberté la plus grande lui est laissée. Il agit à sa guise. Il peut nommer une commission qui fasse les enquêtes et qui entende les défenses. Il fera sienne la décision qu'elle rendra. Ou bien il peut remettre la question en litige à son Conseil des ministres. C'est ce qui se passa dans l'affaire des *Navires Veloz-Mariana, Victoria et Vigie*. Dans sa sen-

tence du 13 avril 1852 (1), Guillaume III, roi des Pays-
Bas, prince d'Orange Nassau, raconta ainsi la façon
dont il procéda :

« Ayant à cet effet, dûment examiné et mûrement pesé
de concert avec notre Conseil des ministres, la convention
conclue entre la France et l'Espagne, le 5 janvier
1824... »

En général, les souverains ont une tendance à employer uniquement une procédure écrite. Jamais dans
l'histoire, pensons-nous, il n'y eut de plaidoyer devant
souverain, mais rien ne s'opposerait à ce qu'il y en ait.

Dans notre chapitre sur la nomination des arbitres,
nous avons fait la critique du cas où l'on choisit un chef
d'Etat comme juge ; nous n'y revenons pas. Nous voulons seulement dire que quelquefois les parties osent —
sinon imposer — du moins conseiller certaines règles
de procédure même à un souverain.

Dans l'exemple (2) que nous avons à proposer, l'arbitre choisi fut le Pape. Une question se posait pour une
possession de territoire entre Haïti et Saint-Domingue.
Une convention d'arbitrage fut faite le 3 juillet 1895
pour l'interprétation de l'article 4 du traité de paix de
1874.

---

(1) De Clercq, vi, p. 170 ; La Fontaine, p. 27 ; Moore, *Interna-*
tional arbitrations, v, p. 4.873.

Recueil des arbitrages internationaux, par A. de Lapradelle et
Politis, t. i. p. 619.

(2) *Revue générale de droit international public.* Année 1900.

Or les parties désignèrent les agents qui devaient pré- senter les documents et les renseignements au Souve- rain Pontife. Elles fixèrent les façons dont les mémoires seraient fournis ainsi que les contre-mémoires s'il en était besoin. Elles formulèrent enfin de cette manière leur article 5 :

« La sentence rendue par écrit, en double, datée et signée comme le Très Saint-Père sera prié de le faire, une copie sera remise à l'agent d'Haïti et l'autre copie sera remise à l'agent de la République Dominicaine pour son gouvernement. »

Lorsque l'arbitre désigné est un particulier, les règles suivies sont celles qui sont fixées par le compromis. Le juge n'a alors qu'à se soumettre à ce que les parties ont déclaré être leur volonté.

Rien ne pourra faire mieux comprendre le fonctionne- ment d'un tel arbitrage que l'énoncé d'un exemple. Il nous est fourni par l'affaire *Ben Tillett.*

Un sujet anglais, M. Ben Tillett, était venu à Anvers pour y organiser une grève de dockers. Il y fut arrêté au cours d'un meeting. On l'incarcéra et finalement, après un certain temps, il fut expulsé. L'Angleterre prétendit aussitôt que la Belgique avait outrepassé ses droits et lui réclama 75,000 fr. à titre d'indemnité. Le gouverne- ment de Léopold refusa nettement. Pendant deux ans, des notes s'échangèrent. La conclusion fut la signature à Bruxelles, le 18 mars 1898, d'une convention d'arbitrage.

M. Arthur Desjardins, un Français, avocat général à la Cour de Cassation, membre de l'Institut, fut choisi comme arbitre. Il fut prévenu de ce choix par deux lettres identiques, l'une venant de l'ambassade d'Angleterre et l'autre de la légation de Belgique (1).

La Belgique et l'Angleterre s'étaient adressées auparavant au gouvernement de la République française pour lui demander si aucune objection ne venait de sa part contre le choix de M. Desjardins.

M. Desjardins accepta la mission qui lui fut confiée. Il reçut les mémoires et les contre-mémoires des deux gouvernements. Il se rendit en Belgique, à Anvers. Il entendit des témoins sous la foi du serment. Il alla même jusqu'à visiter la maison d'arrêt où M. Ben Tillett avait été incarcéré. Il provoqua toutes les explications d'où pouvaient jaillir les moindres étincelles de vérité. Aucun détail ne fut négligé par lui. L'initiative la plus grande lui fut laissée pour cela.

---

(1) Voici le début de cette lettre : « M. l'Avocat Général, un sujet anglais, M. Ben Tillett, ayant été expulsé du territoire belge, au mois d'août 1896, il s'est élevé une divergence au sujet de cette expulsion entre le gouvernement britannique et le gouvernement belge. Ne pouvant réussir à s'entendre pour terminer ce différend à l'amiable, ils ont résolu de le remettre à la décision arbitrale d'un jurisconsulte étranger. Leur choix s'est porté sur vous... »

Enfin ce fut en parfaite équité qu'il rendit sa sentence (1).

Il en remit les originaux aux hautes parties contractantes le 26 décembre 1898.

La conséquence que l'on peut tirer de l'étude de cet arbitrage est que M. Desjardins fut un excellent arbitre, très consciencieux. Mais il ne s'ensuit pas que tous auraient agi aussi bien que lui. On ne pourra jamais confier à des particuliers que des questions de peu d'importance, car un homme seul est toujours impressionnable. Il se déterminera peut-être à son insu, mais il se déterminera trop souvent plus d'après son impression que d'après le droit. Il est certain que ce juge aura conscience de sa responsabilité et qu'il se surveillera, sachant les yeux de deux peuples fixés sur lui. D'ailleurs les parties auront mûri leur choix avec grand soin et elles auront veillé à ne désigner qu'un personnage au caractère sûr, dont les preuves auront été manifestes en d'autres circonstances. Pourtant, l'on aura beau

----

(1) Voici cette sentence dans tout son laconisme :

M. Desjardins, après avoir exposé ses motifs, s'énonce en ces termes :

« Je décide que le gouvernement de Sa Majesté Britannique est mal fondé dans sa demande et je l'en déboute; je le condamne aux frais par application de l'article 5 de la convention du 19 mars 1898, en supposant qu'il y ait des frais à payer ; mais je déclare n'avoir en ce qui me concerne ni honoraires, ni déboursés à réclamer. » Voir *Revue générale de droit international public,* 1899, p. 48.

faire, on n'empêchera jamais qu'un arbitre soit un humain...

Nous avons déjà prononcé souvent le nom de cet arbitrage où les parties s'en remirent à une Cour de Cassation. Il importe maintenant de dire avec un peu plus de détail comment cette chose se passa, car elle est pour nous le type des arbitrages prenant comme juge un corps constitué (1).

Un Français, le capitaine du navire *Le Phare*, porteur d'armes de guerre, dont il voulait proposer l'achat au gouvernement vénézuélien avait été arrêté. Son navire avait été saisi.

Nous exposons l'affaire très brièvement.

Le 2 décembre 1874, le commandant du port de Corinto rendit une sentence, d'après laquelle les fusils et les cartouches étaient confisqués et le capitaine condamné à deux mois de travaux forcés. On lui reprochait d'avoir frauduleusement introduit des armes au Vénézuéla. Le capitaine interjeta appel. Le gouvernement français envoya, en décembre 1875 et en mai 1876, à Corinto, des navires de guerre, dont les commandants durent étudier l'affaire sur place. Leur conviction fut que le capitaine Allard n'avait aucunement violé les lois du pays. Le 7 avril 1877, le consul général de France

_____

(1) M. L. Renault publia un article dans la *Revue de droit international* : *Un litige international devant la Cour de Cassation.*

dans l'Amérique Centrale demanda au Nicaragua la réparation du préjudice causé au capitaine Allard. On l'évaluait à 75,000 francs. M. Rivas, ministre des affaires étrangères du Nicaragua, demanda à soumettre à l'arbitrage ce déni de justice. Il disait dans sa dépêche du 8 janvier : « Le Nicaragua est tout disposé à accepter comme arbitre la Cour de cassation de France. »

La Cour de cassation fut donc saisie de la question par une dépêche du garde des sceaux du 16 avril 1879.

Il est inutile d'étudier ici les raisons pour lesquelles la Cour hésita avant de donner son acceptation.

Toujours est-il que, le 29 avril 1879, la Cour rendit cet arrêt :

« 1° Le ministre des affaires étrangères aura à se concerter avec le représentant de la République du Nicaragua pour rédiger, au nom des deux gouvernements, un compromis indiquant l'objet de l'arbitrage et l'étendue des pouvoirs qu'il entend conférer à la Cour.

2° Que les deux gouvernements désigneront chacun un avocat à la Cour de cassation, lesquels avocats devront déposer au greffe de la Cour et se communiquer réciproquement par la voie du greffe les titres et documents, les conclusions et moyens de défense qu'ils croiront devoir présenter à l'appui de leurs prétentions respectives.

3° Que l'instruction contradictoire étant terminée, le président de la Cour désignera un rapporteur, communiquera les pièces au Procureur général et convo-

quera les trois chambres de la Cour en assemblée générale pour entendre le rapport, les observations des
avocats respectivement nommés et les conclusions du
Procureur général, et prononcera la sentence arbitrale
après en avoir délibéré et recueilli les voix en la
chambre du Conseil. »

On voit donc que c'est dans ce cas le tribunal arbitral
lui-même, la Cour de Cassation en l'espèce, qui décida
le genre de procédure qui serait adopté devant lui. La
Cour évita la nécessité d'imaginer une forme spéciale.
Elle dit vouloir siéger dans sa forme habituelle.

Il y avait d'ailleurs une présomption par laquelle cette
forme répondait bien aux désirs du Nicaragua, car si
cette République avait voulu que les membres de la Cour
siégeassent en commission arbitrale, elle aurait dit
recourir « aux membres de la Cour » et non simplement
à la Cour. Et ensuite pourquoi aurait-elle demandé cette
Cour si cela n'avait pas été pour la faire siéger dans sa
forme coutumière ?...

Comme on l'a lu dans l'arrêt cité plus haut, la seule
chose que la Cour ait demandé aux parties fut de préciser
et les pouvoirs de l'arbitre et l'objet du litige. On ne
fixe jamais trop strictement les termes d'un compromis
Ainsi toutes les précautions furent prises dans l'affaire
du *Phare* et, malgré tout, il y eut encore quelques petites
contestations.

Le gouvernement du Nicaragua opposa l'exception de

chose jugée, un tribunal vénézuélien s'étant déjà saisi du fait.

La France répondit que l'arbitrage devait porter exclusivement sur la question de fond, abstraction faite de ce qui avait pu être jugé au Nicaragua.

Cette dernière opinion fut celle de M. le procureur général Berthauld qui, dans ses conclusions (1), admit que l'exception de chose jugée était contraire aux *termes du compromis*. Le ministre des affaires étrangères du Nicaragua avait d'ailleurs, lui aussi, parlé dans ce sens. Il n'avait pas voulu qu'on pût croire que la sentence du Corinto avait été rendue par un ordre du gouvernement du Nicaragua afin que, par ce moyen, son pays fût soustrait à sa responsabilité.

On discuta donc sur la question du fond après le règlement de cet incident.

Après avoir entendu M. le conseiller Paul Pont en son rapport, MM. Bellaigne et Lehmann, avocats des parties, en leurs observations, M. le Procureur général Berthauld en ses conclusions, la Cour de Cassation, toutes chambres

(1) Il dit : « La Cour n'aurait pas accepté le rôle et les devoirs d'arbitre, si elle n'avait pas été autorisée à apprécier en toute indépendance, sans la gène d'un jugement antérieur, ou même d'un simple préjugé, une question dont le plus grand intérêt était précisément le triomphe du principe que les décisions rendues au nom d'une souveraineté étrangère ne sont pas opposables à la souveraineté française, qui se plaint d'un préjudice causé contre le droit de ses nationaux. » Le texte du compromis est sous ce rapport décisif.

réunies, prononça son arrêt en audience publique le 29 juillet 1880.

Le procureur général de la Cour de Cassation conclut donc dans l'affaire du *Phare*. Ceci suscite une question. Peut-il y avoir un ministère public dans les tribunaux arbitraux dont les juges sont nommés par les parties ? Certainement, ceci est possible. Les Etats sont les maîtres souverains de leurs compromis. Mais en réalité useront-ils de ce pouvoir ? Aucun des projets de réglementation des tribunaux internationaux, ni les règles prescrites par l'Institut de droit, ni celles de la Conférence de La Haye ne parlent de ce point. Dans aucun arbitrage, à notre connaissance, nous n'avons trouvé un ministère public. C'est que le besoin ne s'en fait nullement sentir.

D'abord, il y a des pays, l'Angleterre par exemple, chez lesquels cette institution n'existe nullement dans le droit privé. Il y a d'autres nations (nous citerons l'Italie) (1) qui restreignent les attributions de ce ministère.

En second lieu, quel rôle jouerait-il ? Il ne pourrait se faire une opinion que d'après les mémoires échangés, d'après les plaidoiries, les documents qui lui seront apportés sous les yeux, d'après ses investigations personnelles peut-être. Mais est-ce que les autres pays n'auront pas la même possibilité de se renseigner pour avoir l'opinion qui déterminera leur vote ?

(1) Garsonnet, *Traité de procédure*, 1, p. 274, note 3.

Ce ministère rappellerait les hauts principes de la justice ? Mais est-ce que tous les membres d'un tribunal arbitral ne sont pas pénétrés suffisamment de l'importance de leur mission ? Si cela est possible, ils le sont peut-être plus que les autres qui sont juges de profession, car aucune habitude, aucune routine n'émousse leur raisonnement.

Des auteurs ont vu un troisième inconvénient à l'existence de ce ministère public dans la difficulté qu'il y aurait quelquefois à le désigner. « Il serait bien difficile de confier le choix à l'une d'elles exclusivement ; et si les deux en demeuraient chargées, est-on bien sûr qu'elles se mettraient d'accord et qu'il n'y aurait pas là une sérieuse cause d'insuccès pour le compromis ? Cette appréhension à notre avis ne doit pas exister. En cas de désaccord, les parties pourraient désigner chacune une puissance tierce, et ces deux puissances s'entendraient certainement très bien pour cette désignation. Un ministère public s'il était utile ne serait pas plus difficile à nommer qu'un surarbitre.

Lorsque le tribunal comprend plusieurs juges, les règles de la procédure à suivre sont beaucoup plus compliquées. Elles visent la manière d'après laquelle l'instruction doit être conduite, les débats menés et la sentence rendue.

Nous allons étudier séparément chacun de ces points.

CHAPITRE PREMIER

L'Instruction

Autrefois, l'usage était fréquent pour les arbitres de prêter serment, d'examiner les contestations en conscience, scrupuleusement. Ils le faisaient avant de commencer leurs travaux. Les formules qu'ils devaient prononcer en ces circonstances étaient parfois fixées par les traités eux-mêmes. Celui de Washington de 1871, par exemple, portait dans son article 10 que les arbitres signeraient une déclaration solennelle dans laquelle ils prendraient l'engagement de suivre l'équité la plus stricte. Parfois les traités disaient le texte original que les arbitres devaient répéter. Ces serments étaient prêtés

7

devant une autorité désignée, par exemple une Cour suprême (1).

Aujourd'hui cet usage semble fort oublié et l'on a
plus de confiance dans le caractère des juges que l'on
sait pénétrés du plus haut esprit.

On procède donc de suite à l'instruction.

Cette instruction consiste dans la communication faite
par les agents respectifs aux membres du tribunal et à
la partie adverse de tous les documents contenant les
moyens invoqués dans la cause.

Les débats seront la suite de cette instruction. Ils con-
sisteront dans le développement oral des moyens des
parties devant le tribunal.

Si l'on se basait uniquement sur l'article 42 des règles
de la Convention de La Haye, on affirmerait que la période de l'instruction est absolument, nettement,séparée
de la période des débats. Celui-ci dit en effet : « L'instruction étant close, le tribunal a le droit d'écarter des
débats tous actes ou documents nouveaux qu'une des
parties voudrait lui soumettre sans le consentement de
l'autre. » Or, dans la réalité des faits, il est assez diffi·
cile quelquefois de distinguer ces deux périodes. Il y a
un grand nombre d'arbitrages, notamment ceux où l'arbitre choisi est un souverain, où les débats n'existent

----

(1) On pourra consulter sur ce point les compromis de 1859
entre les Etats-Unis et le Paraguay et de 1863 entre les Etats
Unis et le Pérou.

nullement. La sentence est rendue uniquement d'après les mémoires envoyés par les parties.

D'une façon générale, nous croyons pourtant pouvoir établir cette ligne de démarcation en disant que la période de l'instruction est celle qui se passe entre le moment où le recours à l'arbitrage est décidé et le compromis signé et le moment où le tribunal tient sa première séance. M. L. Renault dit que le tribunal ne devrait pas se réunir avant que l'instruction ne soit absolument close.

Le compromis déterminera la forme que l'on emploiera pour communiquer les pièces et les délais dans lesquels ce devra être fait. Si le compromis se tait ce sera le tribunal lui-même qui fixera ces points. On comprend très bien qu'une convention préalable n'organise pas la procédure dans ses plus minces détails. Elle pourrait formuler des règles qu'elle croirait excellentes et que l'expérience démontrerait inutiles et même dangereuses.

Comme contraste elle serait capable d'omettre les choses importantes. Les arbitres sont plus à même de prescrire utilement. On leur laisse la liberté de se guider comme il leur plaira. Ils devront seulement s'inspirer des règles générales suivies par l'administration de la justice et « destinées à assurer à leur décision le res-

---

(1) Le fonctionnement du premier tribunal d'arbitrage constitué au sein de la Cour permanente de La Haye, p. 421. Académie des sciences morales et politiques, *Compte-rendu*. T. 159-1903.

pect et l'autorité qui s'attachent aux sentences judiciaires régulièrement rendues (1). »

Les traités de Washington de 1871 et de 1892 déterminèrent à l'avance les règles relatives à la production des titres respectifs des parties, à l'exposé de leurs demandes réciproques et à leur examen par les arbitres. Ils indiquèrent jusqu'aux délais dans lesquels les prétentions et les preuves des parties devaient être fournies et la sentence rendue (2).

M. Kamarowsky à ce propos remarque que les délais fixés par les compromis pour l'accomplissement de la mission des arbitres sont en général de 18, 12, 9 ou 6 mois. Il ajoute que le délai le plus court que l'on rencontre est de 3 mois, et le plus long de deux ans et demi. Ce dernier délai, accordé par un compromis de 1868 entre les États-Unis et le Mexique fut même prolongé d'un an en 1871 et de deux ans en 1872.

Dans l'arbitrage d'Alexandre Ier (3) pour l'interprétation du traité de Gand, la convention du 20 octobre 1818 fut muette sur toute la procédure qui dut s'organiser dans le tribunal. Elle fut entièrement écrite.

Dans l'affaire (4) de responsabilité à raison d'actes de guerre, le 1er août 1844, entre la France et le Mexique,

(1) Fiore. *Droit international public.* T. ii, p. 642.
(2) Articles 3 à 8, 10, 13, 24, 25, 35 du traité de 1871 et 3, 4, 5, de celui de 1892.
(3) Davis. *Treaties*, p. 417.
(4) *Recueil* de A. de Lapradelle et Politis, p. 155.

le compromis ne dit ni le nom de l'arbitre, ni la procédure. On se mit aisément d'accord.

Ce sera par des ordonnances de procédure que le tribunal déterminera les règles à suivre (1).

Ces ordonnances sont nécessaires pour indiquer la marche à suivre. Il est indispensable pourtant que la sanction de la nullité ne soit pas attachée à l'inobservation des formes prescrites. Un tribunal arbitral ne peut pas refuser de prendre connaissance d'une pièce fondamentale sous le stupide prétexte que le délai pour la produire serait expiré. Le tribunal ne doit recourir à la forclusion qu'en présence d'une mauvaise foi évidente.

En cas de doute ou en cas de silence soit du compromis, soit du règlement dressé par les arbitres, dit Alexandre Corsi (2). on doit par une interprétation extensive, admettre tout moyen de preuve et tout mode de production qui n'aurait pas été exclu en termes exprès par le compromis ou par le règlement et qui ne serait pas

---

(1) L'article 3 du traité de Washington signé le 8 mai 1871 dit :

« Le mémoire écrit ou imprimé en général dans toutes les affaires qui se rattachent à l'arbitrage de chacune des deux parties, accompagné des documents, de la correspondance officielle et des autres témoignages sur lesquels chacune des parties s'appuie, sera remis en double à chacun des arbitres et à l'agent de la partie adverse, aussi tôt que possible, après l'organisation du tribunal, mais dans un délai qui ne dépassera pas les six mois qui suivront l'échange des ratifications. »

(2) Corsi : *Arbitrati internazionali.*

incompatible avec la nature du litige ou avec les principes de l'ordre public international. »

La mission incombe aux États en cause de présenter
leur défense le plus justement possible. Ils doivent le
faire avec autant de détails que cela peut leur être utile.
Ils ne doivent pourtant pas exagérer. Il y eut abus dans
l'affaire de l'*Alabama* où l'ensemble des mémoires et des
plaidoiries comprit 20 volumes in-8°.

Devant les tribunaux ordinaires la prétention du demandeur est soumise d'abord. Celle du défendeur vient
ensuite. Lorsque les débats se déroulent, chaque partie
présente tour à tour ses moyens dans des procédures
successives. Grâce à ce procédé les discussions s'en-
chaînent et les parties ne sont jamais prises à l'impro-
viste.

C'est pourtant un mode différent que l'on suit dans le
droit international.

Le tribunal de Genève et celui de Paris décidèrent
que les exposés et contre-exposés des deux États seraient
présentés concurremment. Chaque partie se trouva obli-
gée de prévoir les arguments de son adversaire et com-
mit plus d'une omission. Le Conseil de la Grande-Bretagne fut donc excusable quand pour l'*Alabama* il oublia
qu'il était censé avoir répondu par avance dans son con-
tre-exposé et qu'il prétendit répliquer (1).

Pour se renseigner, le tribunal lira donc les mémoires,

(1) Cushing. *Traité de Washington*, p. 134 et s.

les contre-mémoires des parties. De plus il pourra recourir à l'audition des témoins par la voie de l'enquête.
Il vérifiera par l'expertise les allégations des puissances
ou des documents produits. Il se transportera sur les
lieux contentieux, si cela peut lui être utile.

L'article 4 du règlement de l'Institut dit qu'il a d'une
manière générale le droit de faire « administrer les
preuves ».

Il ajoute dans l'article 15 § 4 de son règlement que les
arbitres demanderont, s'il y a lieu, au tribunal compétent
les actes pour lesquels le tribunal arbitral n'est pas
qualifié, notamment la prestation de serment des témoins
ou des experts. Mais de quel tribunal l'Institut voulut-il
parler ? Probablement celui du lieu, où l'enquête et l'expertise se feront, à moins que ce ne soit celui de la ville
où siège le tribunal, ce qui serait une raison à ajouter
encore à celles que nous avons vues de désigner avec
soin le siège du tribunal.

D'après nous, il n'y a aucune raison de recourir à une
juridiction étrangère pour que cette formalité s'accom-
plisse. Si cette mesure est indispensable pour l'instruction, le tribunal arbitral peut y procéder lui-même.

Par un exemple, nous allons montrer sur quels documents peut se faire une instruction.

Dans l'affaire des *Fonds pieux*, le dossier fut composé
pour la plus grande part des pièces relatives au premier
arbitrage de 1868-1875. On y annexa une partie de la
correspondance diplomatique échangée depuis ce dernier

arbitrage. La revendication des États-Unis d'Amérique
fut exposée dans un mémoire intitulé : Memorial of
the claim of the United States of America against the
Republic of Mexico.«Le gouvernement mexicain répondit
par un contre-mémoire. Tous ces documents furent imprimés de commun accord entre les parties par les soins
du gouvernement des États-Unis sous ce titre ;
« Transcript of record of proceedings before the Mexi-
can and American mixed claim commission with relation
to the pious fund of the Californias (1). »

(1) *Washington Governement printing office*, 1902.

CHAPITRE II

Les Débats

En général, lorsque l'instruction est close, les débats commencent.

Pour ces derniers, il faut répéter ce que nous dîmes pour l'instruction. Le tribunal arbitral variant avec chaque compromis, il est très difficile de donner des règles sur la manière dont se comportent ces débats, surtout que l'on peut se contenter de ce que les mémoires apprennent pour rendre la décision.

Une question importante doit être étudiée ici.

La procédure doit-elle être écrite ou doit-elle être orale ?

Les avantages de la première sont de plusieurs espèces. D'abord à la lecture l'esprit a le temps de s'appesantir à son aise sur les arguments. Il ne se laisse pas éblouir par un dehors séduisant, car il a le temps d'en pénétrer la profondeur. Pour les parties, cette rédaction offre aussi un avantage. C'est qu'avec celle-ci elles peuvent mesurer exactement les termes pour qu'ils soient tout à fait adéquates à leur pensée. Un orateur peut quelquefois se laisser emporter et ne voyant que son idée il peut ne pas employer le mot juste. Un écrivain ne se trompera pas, car il aura le temps de la méditation.

Ensuite les paroles sont fugitives. Le compte-rendu des sténographes n'aura jamais la valeur d'un mémoire signé de son auteur. L'avocat aura toujours la ressource de dire que sa phrase fut mal comprise s'il voit que l'effet qu'elle a produit est désastreux, tandis que l'on ne peut argumenter à l'encontre d'un écrit que l'on a signé.

Nous ne parlons pas des méprises de l'improvisation, par lesquelles l'orateur pourrait dépasser sa pensée et quasiment attenter à l'honneur de la nation adverse. — Tous les hommes qui composèrent les tribunaux arbitraux, — même sir Alexander Cockbürn (1) — montrèrent le plus grand tact.

Nous avons vu également que plus d'une personne capable de déchiffrer les phrases d'un écrit serait dans l'impossibilité de suivre le fil d'un discours prononcé en langue étrangère.

Dès lors, doit-on employer exclusivement la procédure

(1) Malgré ce que lui reprocha âprement M. Cushing.

écrite ? Non pas. Il serait tout à fait ridicule de procéder ainsi. Ce qu'il faut, c'est mettre par écrit toutes les choses importantes.

Dans les débats de l'*Alabama*, le Baron d'Itajuba demanda au Conseil de la Grande-Bretagne une note ou un plaidoyer élucidant les questions suivantes :

1° La question de la diligence requise, traitée d'une manière générale,

2° L'effet des commissions possédées par les navires de guerre confédérés qui étaient entrés dans les ports britanniques.

Le Conseil des Etats-Unis devait avoir la faculté de répondre de vive voix ou par écrit selon les circonstances.

Cette proposition fut adoptée par le tribunal.

Lord Tenterden annonça quelque temps après qu'il avait remis le document requis au secrétaire du tribunal M. Alexandre Favrot.

Au cours des débats oraux de l'arbitrage des *Fonds pieux*, l'agent des Etats-Unis déposa un nouveau mémoire. La défense l'accepta et fut admise à y répondre à son tour par écrit dans un délai déterminé. Elle le fit sous forme de conclusions rédigées en langue française.

Ce qu'il faut donc, c'est employer la parole le moins possible. Il vaut mieux rédiger des écrits. La forme orale n'existera que pour permettre aux arbitres de demander des explications sur un détail, pour interroger des témoins.

Il faut craindre toujours que les plaidoiries soient trop longues. Dans l'arbitrage des *Pêcheries de Behring*, présidé par le baron de Courcel, l'avocat américain parla durant plusieurs séances et son discours eut une durée totale de vingt-cinq heures.

Malgré cela, il ne fut pas le seul avocat.

M. Renault constate que des questions comme celles des *Pêcheries de Behring* — même évoquant le cas de la liberté des mers — ne sont pas de nature à donner lieu à de telles plaidoiries.

Les parties ne sont que trop portées à abuser de la parole. Dans l'affaire de l'*Alabama*, le gouvernement britannique fut mécontent de son premier plaidoyer. Sir Roundell Palmer fit donc des efforts énergiques pour obtenir la permission de replaider sa cause. Le traité limitait expressément le droit des deux gouvernements de se faire entendre. Toute discussion ultérieure pour être admise devait être faite à la requête des arbitres, « si ceux-ci désiraient élucider davantage quelque point (1) ».

A la séance prochaine, Sir Alexander Cockbürn présenta une liste de huit questions. Elle comprenait en fait les mêmes points que la motion de Sir Palmer qu'on avait repoussée. Sir Cockbürn demanda que le tribunal requît les Conseils des deux gouvernements de produire à ce sujet des plaidoyers écrits ou imprimés. Le tri-

(1) Article 5.

bunal décida qu'il n'avait pas besoin — pour l'instant
du moins - de ces plaidoyers.

Ces difficultés ne se seraient pas produites si l'Angleterre au lieu de faire parler un de ses avocats — dont
elle ne fut pas contente — avait rédigé un mémoire.

Quant à savoir comment les débats se passent en
pratique, il faut se reporter aux règles de la Conférence
de La Haye qui forment certainement le fond de la procédure de tous les arbitrages.

Les débats sont dirigés par le Président (1).

On discute immédiatement la méthode et l'ordre que
l'on adoptera pour procéder à l'examen des sujets soumis au tribunal.

Dans l'affaire des *Fonds pieux* de Californie, l'ordre
et la mesure des développements oraux à donner par
les parties à leurs conclusions firent l'objet d'un règlement de procédure à la date du 15 septembre 1902.

Des procès-verbaux sont rédigés à chaque séance et
ce sont les seuls actes qui ont un caractère authentique.
Le Président désigne des secrétaires pour rédiger ces
procès-verbaux.

Dans la question de l'*Alabama*, sur la proposition du
comte Sclopis, le tribunal pria l'arbitre nommé par le
président de la Confédération suisse, de désigner une
personne capable de remplir les fonctions de secrétaire
du tribunal. M. Staempfli recommanda pour cette place

(1) Article 41.

M. Alexandre Favrot, qui fut en conséquence nommé. Le tribunal décida dans la suite que ce serait le secrétaire qui recevrait les documents.

D'après les articles 43 et 44 des règles de la Conférence de La Haye, les arbitres sont libres, même une fois l'instruction close, de prendre en considération des faits nouveaux, mais à la condition que les documents afférents soient communiqués à la partie adverse afin de faciliter l'œuvre de la justice. Ils pourront également demander aux parties certains renseignements et la production de certaines pièces. Si leurs demandes sont rejetées, ils en prendront acte.

Enfin, quand tous les éclaircissements utiles ont été donnés au tribunal (1), quand celui-ci ne voit plus aucune preuve complémentaire à demander, la clôture des débats est prononcée par le président.

Quelquefois le cours des choses ne va pas aussi simplement. Nous n'avons considéré que la procédure dégagée d'incidents, mais quelquefois ces fameux incidents peuvent être soulevés par les parties.

D'après l'article 46 des règles de la Convention de La Haye, les agents et les conseils des parties ont le droit de soulever des exceptions et incidents. Les discussions

---

(1) Article 10 du projet de l'Institut de droit international :

« Le tribunal arbitral délibère tous membres présents. Il lui est loisible toutefois de déléguer un ou plusieurs membres ou même de commettre des tierces personnes pour certains actes d'instruction. ».

du tribunal sur ce point sont définitives et ne peuvent donner lieu à aucune discussion ultérieure.

Nous pouvons grouper ces exceptions et les ramener à trois principales.

Il y a l'exception tirée d'une cause d'incapacité ou de récusation d'un arbitre, l'exception de chose jugée et surtout l'exception d'incompétence.

I. — EXCEPTION POUR INCAPACITÉ OU RÉCUSATION D'UN ARBITRE

Lorsque cette cause d'incapacité ou de récusation existait déjà, à la connaissance de tous, au moment de la rédaction du compromis, il y a présomption que les parties n'ont voulu en tenir aucun compte et l'on passe outre.

Lorsque cette cause est survenue depuis le compromis et qu'elle est reconnue réelle, les parties devront se réunir une seconde fois pour procéder au choix d'un nouvel arbitre ou plutôt le nouvel arbitre sera élu suivant le mode employé dans le choix primitif (1).

Ceci est pour le cas où la cause d'incapacité ou de récusation met l'arbitre dans l'impossibilité absolue de remplir sa mission.

Si cette impossibilité n'est pas totale, le tribunal a

(1) Projet de M. Goldschmidt § 8; règlement de l'Institut, article 5.

compétence pour statuer sur l'exception. Il faut simplement que les arbitres qui prendront part au jugement
soient plus nombreux que ceux contre lesquels elle est
soulevée. Si c'était le contraire, ou si le tribunal comprenait uniquement l'arbitre incapable ou récusé, les
puissances devraient s'accorder pour choisir un autre ou
d'autres arbitres.

Si les juges ont été désignés la première fois par un
tiers, c'est celui-ci qui sera juge de la cause d'incapacité
ou de récusation. S'il reconnaît cette cause exacte, il
remplacera par de nouveaux les arbitres qu'il aura
dépossédés de leurs fonctions.

II. — EXCEPTION DE CHOSE JUGÉE

Nous avons exposé longuement l'affaire du *Phare*. On
connaît donc les circonstances dans lesquelles cette
sorte d'exception peut se présenter. L'on sait également
de quelle façon la Cour de Cassation se déclara compétente pour juger ce sur quoi le Tribunal de Corinto
s'était prononcé une première fois. Le compromis rédigé
par le Nicaragua et la France n'avait nullement prévu ce
cas.

Quelquefois au contraire, le traité autorise formellement l'arbitre à réviser les décisions en question. Il
existe une convention qui fut signée entre l'Espagne et
les États-Unis le 12 février 1871. Son article 11 accor-

dait ce droit de révision pour « les décisions des tribunaux de Cuba concernant les citoyens des États-Unis prononcées en l'absence des parties ou en violation du droit international ».

Dans ces conditions, on conçoit qu'aucune exception de chose jugée ne soit possible, puisque précisément c'est la décision même du tribunal national qui se trouve être soumise à l'arbitre, ce dernier jouant le rôle d'une Cour d'Appel ou d'une Cour de Cassation.

Dans l'arbitrage au sujet des *Pêcheries de phoques de la mer de Behring,* la question de l'autorité de la chose jugée résultant de la Cour de Sitka et de la Cour suprême des États-Unis ne fut soulevée à aucun moment.

Tous ces documents ne parlent que de « chose jugée » par des tribunaux des pays litigants, mais l'affaire peut être venue en justice d'une façon différente, c'est-à-dire devant un autre tribunal arbitral.

L'article XII du traité de Washington de 1871 soumit par exemple à un second arbitrage « toutes les réclamations ne provenant pas de faits déférés au tribunal de Genève ». Par conséquent, dès qu'une réclamation quelconque aurait été comprise dans la décision rendue par cette juridiction, l'exception de chose jugée aurait pu lui être opposée.

Cette exception existera pourtant rarement, car c'est lorsqu'une sentence arbitrale aura été rendue précédemment sur une matière un peu voisine que les

8

compromis désigneront de la façon la plus nette les
faits sur lesquels les investigations des arbitres devront
porter.

III. — EXCEPTION DITE D'INCOMPÉTENCE

D'après le projet de M. Goldschmidt § 18, que l'Institut accepta dans l'article 14, § 2, de son règlement, si
une exception d'incompétence (1) est soulevée, ce seront
les arbitres qui statueront sur elle.

D'après certains auteurs, comme M. Avril, donner
aux juges le pouvoir de décider leur propre compétence
n'est plus un fait de justice à rendre, mais de la législation internationale : « Or, dit-il, c'est seulement au
moyen âge que la législativité internationale a pu être
exercée. »

Nous pensons pour notre part que l'arbitre constitué
juge du fond doit *ipso facto* être considéré comme investi
du droit de déterminer en quoi il consiste. Si on se refuse
à admettre cette proposition, l'on doit ordonner que
l'arbitre se dessaisisse dès qu'une partie élève cette
prétention qu'il ne peut connaître d'une question. Ce

---

(1) Conf. dans le même sens : Pierantoni, *Gli arbitrati...*,
p. 98 et s. ; Bluntschli, 492 *bis* ; Kamarowsky, p. 336 et s. ; Rolin
Jaequemyns *apud Revue de droit international*, 1872, p. 39.
M. Holtzendorf, *Encyclopédie*, 2ᵉ édition, ɪ, 969 est d'une opinion
contraire.

point litigieux est peut-être compris d'une manière évidente dans le traité, qu'importe ? L'arbitre, d'après nous, a le droit de décider ce qui rentre ou non dans le compromis.

Dans le texte du traité d'arbitrage permanent signé le 23 juillet 1898 à Rome entre le représentant de la République Argentine et le ministre des Affaires Etrangères du Royaume d'Italie, les deux gouvernements firent cette déclaration dans l'article 7 :

« Le tribunal est compétent pour statuer sur la régularité de sa constitution, sur la validité du compromis et sur son interprétation (1). »

M. Rolin Jaequemyns remarque que la question de compétence ne doit pas être résolue par une stricte interprétation du compromis, mais qu'il faut dans le doute la trancher affirmativement. En effet, cette affirmation ne porte aucune atteinte à la connaissance d'un tribunal ordinaire. Elle rend au contraire possible la décision judiciaire d'un point qui sans elle demeurerait litigieux.

La jurisprudence anglo-américaine reconnaît en ma-

---

(1) Dans l'affaire du Betsey en 1793, cette question d'incompétente se posa également. Voir les opinions des commissaires dans le *Recueil* de A. de Lapradelle et Politis. T. i, p. 51.

Dans l'affaire de la frontière Nord-Est entre les Etats-Unis et Grande-Bretagne (10 janvier 1831) on se demanda si l'arbitre auquel les points en litige entre les deux gouvernements avaient été soumis était en droit de les trancher.

tière d'arbitrage civil le principe que « *a fair and liberal construction is allowed in its interpretation* (1). »

« Le tribunal arbitral a le droit de statuer sur sa propre compétence, de la même manière que tout tribunal même d'exception est autorisé à le faire par la nature même de sa mission. C'est en effet un attribut naturel de toute autorité que l'affirmation de ses pouvoirs (2). »

L'incompétence serait ici une chose absolument incompréhensible. Celui qui dit qu'un tribunal est incompétent dit par ce fait même qu'une autre juridiction est compétente. Or, que décider pour les tribunaux internationaux qui sont les seuls de même nature ?

Pour déclarer la compétence on a proposé de s'en rapporter aux parties. Ce moyen ne résiste pas au plus petit examen. Il est très certain que dans de telles circonstances nul accord ne sera possible. La puissance qui a soulevé la question de l'incompétence tiendra à ce que l'on reconnaisse et que l'on sanctionne la justesse de son observation.

L'Institut de droit international décide dans le dernier paragraphe de l'article 14 de son règlement que « dans le cas où le doute sur la compétence dépend de l'interprétation d'une clause du compromis, les parties sont censées avoir donné aux arbitres la faculté de trancher la question, sauf clause contraire. »

(1) Bouvier au mot *submission*, n° 7. Voir sur ce sujet Alessandro Corsi : *Arbitrati internazionali*, p. 206.
(2) Fiore. *Droit international public*, T. II, p. 641.

Nous faisons remarquer en conséquence de cette pres-
cription que le mot « compétence » n'a aucun sens. Il
serait plus juste de dire simplement que les arbitres,
en cas de doute, apprécieront l'étendue du compromis.

Cette question se présenta dans l'affaire de l'*Alabama*.

A la suite du dépôt des contre-exposés, les États-
Unis prétendirent que la question des dommages indirects devait être appréciée par les arbitres. L'Angleterre assurait le contraire. Ces dommages étaient-ils ou
n'étaient-ils pas compris dans la formule du compromis
aussi bien que dans les négociations antérieures? Dans
aucun écrit, dans aucun discours officiel, il n'avait été
dit une phrase qui pût autoriser à croire qu'on eût voulu
limiter à un point de vue quelconque les réclamations
des Etats-Unis. Le protocole qui précédait le traité disait
au contraire que l'on voulait pourvoir « au règlement
définitif de *toutes* les causes de différend existant entre
les deux pays au sujet de préjudices nationaux ».

D'autre part l'article 1er du traité déférait à l'arbitrage « *toutes les réclamations* des Etats-Unis résultant
d'actes commis par certains navires ».

La question devint d'une grande vivacité entre l'Angleterre et les Etats-Unis. Des controverses naquirent.
On proposa d'ajourner à huit mois les séances du tribunal arbitral.

Les juges trouvèrent une solution. Par avance, offi-
cieusement et *sans que la question leur fût posée en leur
qualité de juges*, ils donnèrent satisfaction aux Etats-

Unis en admettant que le traité leur déférait tous les
griefs et à l'Angleterre surtout en affirmant qu'ils n'ac-
corderaient pas d'indemnité du chef des dommages
indirects.

Cette déclaration fut acceptée par le gouvernement
des Etats-Unis. Peu de temps ensuite, l'agent britannique la ratifia à son tour et retira sa motion d'ajourne-
ment. Le plaidoyer anglais fut présenté.

M. Rolin Jaequemyns dit avec raison que le seul point
à examiner par les arbitres, s'ils avaient été saisis de
réclamations indirectes, aurait été celui de savoir si ces
réclamations cadraient ou non avec le dispositif du traité
de Washington.

Quoi qu'il en soit, le tribunal arbitral de l'*Alabama*
donna une solution à la question ; mais une solution
détournée. Il eut tort ; il aurait dû franchement déclarer sa compétence. Ensuite, il aurait pu se prononcer et
ne pas reconnaître l'existence des dommages indirects.
Aucune réclamation n'aurait été faite par les Anglais,
puisque le jugement aurait été en leur faveur , et un
point de droit aurait été établi.

Ce point, pour nous, n'est nullement douteux. Si l'on
avait l'exception d'incompétence, on pourrait avec elle pa-
ralyser entièrement l'action de tout tribunal international.

Il existe encore d'autres incidents.

Ils ont pour but d'élargir la sphère du débat primitif.

Ce sont les *demandes additionnelles*. Elles ne peuvent
être acceptées par les arbitres que s'il existe une con-

nexité absolue d'origine entre elles et la demande principale.

Ce sont les *demandes reconventionnelles*. Elles sont formées par le défendeur en réponse à l'action dirigée contre lui. Avec elles, ce dernier devient demandeur à son tour. Il veut ou bien détruire, ou bien restreindre les effets de la demande principale au moyen d'une prétention contraire.

Ces demandes, d'après l'article 17 du règlement de l'Institut, ne peuvent être portées devant le tribunal arbitral qu'en tant qu'elles lui sont déférées par le compromis, ou que les deux parties et le tribunal sont d'accord pour les admettre (1).

Pour ce qui en est de l'*intervention et de la mise en cause*, l'article 16 du règlement de l'Institut repoussa la proposition de M. Goldschmidt (2) et dit que ni les parties, ni les arbitres ne pourront mettre en cause d'autres Etats ou des tierces personnes. Il faudra pour pouvoir le faire que le compromis leur en donne une autorisation spéciale, et que les tiers offrent leur consentement préalable.

Lorsque toutes ces questions ont été réglées et lorsque le tribunal se juge suffisamment renseigné, la période des débats est déclarée close par le Président.

---

(1) Telle avait été la proposition rédigée par M. Goldschmidt dans le n° 17 de son projet.

(2) Celui-ci se rallia à une rédaction proposée par MM. de Parien et Mancini.

CHAPITRE III

La Sentence

I. — DÉLIBÉRATION ET VOTE

Le règlement proposé par l'Institut dit que le tribunal
délibère tous membres présents. Dans les règles de la
Conférence de La Haye aucune disposition n'est prise
quant à la présence de ces arbitres. L'article 51 dit simplement que ces délibérations ont lieu à huis-clos.

« L'intervention personnelle de tous les arbitres doit
être considérée comme indispensable pour la validité de
toute délibération, soit qu'elle ait été prise pour décider

la question principale, soit qu'elle l'ait été pour trancher une question accessoire (1). »

On pouvait d'ailleurs tirer cette exigence d'une analogie prise dans ce qui se passe pour les tribunaux ordinaires. On dit qu'un jugement doit être rendu à la majorité par une juridiction composée par exemple de trois juges. Il faudra dès lors qu'il y ait les trois juges présents aux débats aussi bien qu'à la délibération. Deux des juges ne pourraient pas statuer en l'absence du dernier. Ils n'auraient pas le droit de prétendre que leur conviction étant identique ils pourraient à eux seuls arrêter la sentence. Certes l'opinion du troisième juge ne peut pas l'emporter, cela est certain. Mais si le législateur exigea la présence de trois juges, c'est qu'il formait l'espoir de les voir s'aider et surtout s'éclairer mutuellement. Il serait donc de toute possibilité que le troisième juge par ses arguments arrivât à changer les avis de ses collègues.

Pour notre part, cette idée sort de la nature des choses et par conséquent il n'y a aucune raison de la confiner dans le droit privé. Sa place est tout aussi juste dans l'arbitrage international.

Des auteurs, comme sir Robert Phillimore disent que l'absence d'un arbitre peut être le fait d'un parti pris ou d'une intrigue. D'après eux, dans ce cas, les autres juges pourront se passer de lui et continuer la procédure.

(1) Fiore. *Droit international public*, 2ᵉ vol., p. 642.

Nous pensons que cette disposition n'est nullement fondée. Elle ne sera que de nature à entraîner de très graves abus. Ce qu'il faudra simplement, ce sera constater le mauvais vouloir du juge et demander son remplacement. On pourra également dissoudre le tribunal arbitral comme on le ferait si l'un des arbitres venait à mourir. Si le compromis envisagea de telles éventualités, ce sera plus simple, on se conformera très exactement à ses dispositions.

Lorsque la délibération est terminée, on procède au vote.

« Toute décision est prise à la majorité des membres du tribunal » dit l'article 51 des règles de la Conférence de La Haye. Si l'un des arbitres refuse de prendre part à ce vote, cette abstention est consignée au procès-verbal.

En général, le nombre des juges est d'un chiffre impair. On recommande les chiffres trois et cinq ; car ainsi la majorité s'établit facilement.

Lorsqu'il y a des juges en nombre pair et qu'il y a égal partage de voix, on regarde si le compromis a prévu le cas. S'il l'a fait, et a permis l'appel d'un surarbitre, la chose est simple. S'il ne l'a pas fait et si aucune majorité ne peut se former, le président le constate et déclare le tribunal dissous.

Cette circonstance se produira rarement si les arbitres ont été choisis dans des pays étrangers aux litigants. Au contraire ce sera plus fréquent si les juges viennent

en nombre égal des pays en litige. Mais la réalité des
faits montre bien des exemples où un juge donna tort à
ses nationaux.

II. — RÉDACTION DE LA SENTENCE

L'article 52 des règles de la Convention de La Haye
est ainsi conçu :

« La sentence arbitrale votée à la majorité des voix
est motivée. Elle est rédigée par écrit et signée par
chacun des membres du tribunal.

« Ceux des membres qui sont restés en minorité peuvent constater, en signant, leur dissentiment. »

L'article 22 du règlement de l'Institut s'exprimait à
peu près dans des termes identiques, mais il négligeait
de formuler l'exigence des motifs.

Que doit contenir la sentence ?

En quelques mots, elle doit donner une *solution* à
toutes les questions qui ont été posées dans le compromis.

Le plus souvent elle tranche simplement un point litigieux. Les arbitres ne doivent répondre que par un
« oui » ou un « non ». Ils ne peuvent pas prendre un
moyen terme, à moins que le compromis ne l'ait prévu
expressément.

Celui-ci peut tracer aux arbitres les principes qu'ils
doivent appliquer à la difficulté pendante ou bien il peut

leur prescrire de juger suivant les règles du droit international (1).

Entre le gouvernement brésilien et la France vint une convention, le 10 avril 1897, pour une question de frontière. Les fonctions des arbitres ne furent pas bien délimitées. On ne savait pas quelle rivière le juge pouvait désigner dans l'espace compris entre l'Oyapoc et l'Araguary. Ne devait-il choisir un cours d'eau dans cet intervalle qu'autant qu'il estimerait que cette rivière est vraiment le Japoc ou le Vincent Pincon, ou, au contraire, avait-il le droit d'en choisir une quelconque dans cet espace de terrain ?...

Les arbitres doivent rendre des jugements. C'est une chose à retenir. Leurs sentences ne sont pas des transactions. Certains auteurs voudraient donner aux juges le caractère de médiateurs. Ils leur recommandent, avant de se prononcer, de faire aux parties des propositions équitables dans le but d'arriver à un arrangement (2).

Établir cette règle serait introduire, dans le droit international, la tentative de conciliation.

Tous les auteurs sont d'accord pour recommander

(1) Le traité franco-chilien du 2 novembre 1882 s'exprime ainsi dans son article 6 : « Les arbitres jugeront les réclamations d'après la valeur de la preuve fournie, et conformément aux principes de droit international, ainsi qu'à la pratique et à la jurisprudence établies par les tribunaux récents analogues, ayant le plus d'autorité et de prestige. »

(2) Calvo, *Droit international*, p. 573, t. II.

aux arbitres, dans cette circonstance, la plus grande
prudence. Ceux-ci ne doivent pas diminuer la confiance
qu'on a dans leur impartialité (1).

Quelquefois le compromis prévoit effectivement la
chose. Les parties, désireuses d'une solution, peuvent
charger les arbitres de régler définitivement la difficulté.
Pour la baie de Delagoa, entre l'Angleterre et le Portugal, on dit que si l'arbitre ne pouvait décider entièrement en faveur de l'une des deux réclamations, il
serait prié de donner telle décision qui, selon lui, offri-
rait une solution équitable de la difficulté. Mac-Mahon,
qui était arbitre de cette affaire, n'usa pas de ces
pouvoirs.

Quelques années plus tard, à propos d'un différend
entre la France et les Pays-Bas au sujet de la limite
exacte entre la colonie de Surinam et la Guyane Française, fut établie une convention le 29 novembre 1888.
Les arbitres demandèrent la permission de donner une
solution transactionnelle.

Cette pratique est-elle recommandable ? M. Rolin
Jaequemyns prétend que non et il donne les raisons qui
militent en faveur de sa théorie : D'abord il y a un droit
international et le devoir des arbitres est d'appliquer ce
droit et non d'en créer un autre. Les arbitres useraient

_____

(1) Conf. Calvo. *Droit international*, § 1769 ; Bluntschli,
article 492; Kamarowsky, p. 344. — Pradier-Fodéré, n° 2621, est
d'un avis contraire.

trop souvent de cette faculté si on la leur donnait, car c'est dans la nature humaine de choisir toujours le mode le plus facile, surtout quand celui-ci donne moins de responsabilité. Ensuite, si cette clause devient coutumière il semblera désobligeant de la refuser à un arbitre quand celui-ci la réclamera. Ce sera celle des parties qui sera la moins sûre de son droit qui généralement proposera la clause d'amiable composition. « Il y a donc un véritable péril pour le cas où une grande puissance voudra faire une mauvaise querelle à un Etat faible tout en gardant l'apparence de l'impartialité. »

Nous ajouterons à ces arguments que si cette clause devenait fréquente, de nombreux abus pourraient s'en suivre, et il y a lieu de considérer que l'avenir de l'arbitrage ne pourra grandir qu'en restant dans les limites strictes et rigides de la justice.

Quelquefois le compromis donne aux arbitres une mission tout à fait spéciale dans l'affaire des *Pêcheries de Behring* (1), les juges furent chargés de faire un règlement sur l'usage de la pleine mer, la liberté en étant reconnue.

En principe, le tribunal arbitral doit statuer sur toute la question. Mais si le compromis ne prescrit pas le jugement définitif, simultané, de tous les points en litige,

(1) Voir le très bel article de M. Renault. *Une nouvelle mission donnée aux arbitres dans les litiges internationaux* à propos de l'arbitrage de Behring. *Revue de droit international.* 1894 p. 44.

les arbitres peuvent statuer sur ceux à l'égard desquels leur conviction est faite et réserver les autres pour une procédure ultérieure (1).

Doit-on mettre dans la sentence que la solution fut donnée ou non à l'*unanimité* ?

Dans l'affaire des *Fonds pieux*, on le fit, M. le chevalier Descamps s'en montra enthousiaste. M. Renault trouva au contraire ce procédé blâmable. « Il serait fâcheux, dit-il, qu'on imite ce qu'on fit dans les *Fonds pieux* ; au premier abord on dit : le tribunal a augmenté l'autorité morale de sa sentence. Mais il n'est pas à espérer que tous les arbitres soient toujours d'accord. Il y aura donc des sentences qui auront des valeurs morales différentes. Vous pouvez à un moment donné mettre les arbitres dans une situation impossible. Dans le cas présent, il n'y avait ni Mexicains, ni Américains, mais il faut songer au cas qui devra être le plus fréquent, où il y aurait des arbitres des deux parties. Quand ils auraient partagé l'opinion de leurs collègues, on leur fait une situation fâcheuse si on souligne qu'ils ont condamné leur propre gouvernement. Il faut songer à la nécessité de sauvegarder les amours-propres. Il faut faciliter à la partie qui succombe l'acceptation de la sentence. Voilà pourquoi je trouve fâcheux ce précédent. La sentence doit être rendue par le tribunal. Vous n'avez pas à regarder si c'est à la majorité ou à l'unanimité, c'est *le*

(1) Article 19 § 3 du Règlement de l'Institut.

tribunal qui statue. Quand j'ai exprimé cette opinion à divers jurisconsultes, spécialement à des membres de la Cour d'arbitrage, j'ai rencontré une approbation unanime (1). »

— La sentence doit-elle être motivée ?

La controverse est vive sur ce point.

M. Darras (2) est un grand défenseur de la sentence motivée. A propos du jugement du 2 mars 1897 dans l'affaire *Cerruti* entre la Colombie et l'Italie qui fut rendu sans énumération des motifs, il dit : « Bien plus grave est l'incorrection commise par le Président des États-Unis dans la rédaction de sa sentence arbitrale ». D'après lui, l'absence de considérants est cause que l'acte manquant par cela même d'un de ses éléments essentiels ne mérite plus à vrai dire le titre de jugement. Sans cette justification, comment apprécier le bien fondé de la justice ?

Nous répondrons à M. Darras que le tribunal n'a pas à être jugé. On doit le choisir de telle manière qu'on ait confiance en lui. La décision arbitrale, parce qu'elle est privée de ses raisons, perdra-t-elle de ce fait une grande partie de sa valeur morale et ne pouvant être contrôlée ne s'imposera-t-elle que plus difficilement au respect de

---

(1) Renault, *Fonctionnement du premier tribunal arbitral à La Haye.* Académie des Sciences morales et politiques. Compte-rendu 1903. T. 159, p. 436.

(2) Article de M. Darras. 1899. *Revue générale de droit international public.*

tous ? Nous ne le pensons pas, car les membres du tribunal doivent par leur grand caractère être placés assez haut dans l'esprit du public pour ne donner lieu à aucun soupçon.

M. Pierantoni (1) dit que « la justice est lumière et vérité. Il faut qu'elle se montre sous une forme sensible. Il faut que le juge justifie son jugement qui est une opération de l'âme, un acte de recherche par lequel après avoir entendu les parties, précisé et posé les questions, vérifié les faits, il décide, indiquant les règles de droit qui ont déterminé son jugement. Les motifs en fait et en droit s'ils sont une garantie exigée par la loi de procédure sont un besoin de la société internationale. »

Les idées de M. Darras et de M. Pierantoni peuvent être réfutées, pensons-nous.

La justice ne doit pas être une chose dans laquelle chacun a le droit de promener ses investigations. Un jugement doit être une réalité un peu supérieure aux humains. Si l'on donne des motifs pour mettre la sentence à la portée de la compréhension générale, il ne faut pas croire que l'on satisfera tout le monde. Il y aura des interprétations de motifs très fantaisistes. Les uns ne comprendront pas et critiqueront de bonne foi; les autres critiqueront de parti-pris et de mauvaise foi en usant de paradoxes. Si l'on ne motive pas, au contraire, on enlève à chacun la possibilité de raisonner. Les sup-

(1) Pierantoni, *Revue de droit international et de législation comparée*. T. **xxx**, 1898, p. 455 et s.

positions tombent vite lorsqu'elles n'ont aucune base pour s'échafauder.

Les juges, avec notre système, auront leur caractère qui grandira. Si l'on met les motifs sous le contrôle du public, on montre trop aux juges qu'ils sont faillibles. Or, pour se pénétrer de la hauteur d'une fonction, il faut croire avant tout à cette hauteur.

M. Darras dit ensuite : « Si la sentence du 2 mars 1897 dans l'affaire *Cerruti* avait été motivée, les hautes parties intéressées n'auraient pas eu peut-être à solliciter de l'arbitre une interprétation de l'article 4 de la sentence, demande à laquelle celui-ci n'a pas crù devoir donner satisfaction. »

Ce raisonnement n'est pas péremptoire. Si l'arbitre de l'affaire *Cerruti* a mal rédigé sa sentence, la cause en est-elle dans l'absence de motifs ? Nous ne le croyons pas. Ce que nous tirons de ce fait, c'est simplement que l'on ne recommandera jamais trop la précision à des juges.

Si l'usage de ne point motiver les sentences arbitrales se généralisait, continue M. Darras (1), le développement du droit international pourrait en éprouver un arrêt particulièrement fâcheux : Une même décision peut, en effet, reposer sur deux ordres de motifs bien

(1) Sont de l'avis de M. Darras : Mérighnac. *Traité de l'arbitrage international*, n° 287 ; Geouffre de La Pradelle. *Chronique internationale de la Revue de droit public et de la science politique en France et à l'étranger*. 1898, p. 526. Bureau, p. 85 et s.

différents. Si la décision ne s'explique pas à cet égard, comment pourra-t-on déterminer l'ordre de motifs sur lequel l'arbitre s'est appuyé ? Comment les publicistes pourront-ils dégager des diverses sentences arbitrales une jurisprudence assez certaine pour former l'un des éléments de formation du droit international?

A ces arguments, nous répondrons par une question. Quel est le but de l'arbitrage? Est-ce de façonner petit à petit un droit international? Si ce droit peut se former en même temps que l'arbitrage solutionnera les conflits, l'avantage sera double ; mais on ne doit pas sacrifier le principal à l'accessoire et nous verrons que ce pourrait être le cas quelquefois.

L'Institut de droit international a partagé la même opinion que M. Darras ; dans le Projet de règlement pour la procédure internationale qu'il a adopté dans sa séance du 28 août 1875, il y a un article 25 ainsi conçu : « La sentence arbitrale doit contenir un exposé de motifs, sauf dispense stipulée par le compromis. »

A La Haye, cette question fut très ardemment discutée. Nous tenons à donner un aperçu des pensées qui y furent développées sur cette matière.

M. de Martens présenta un projet. D'après son article 22, la sentence arbitrale à la différence du jugement, mais à la ressemblance de la transaction, ne doit pas être motivée. M. F. de Martens au Comité d'examen, puis au sein de la troisième Commission, eut ces arguments : « Si les arbitres, dans un grand tribunal d'arbitrage, sont d'accord pour reconnaître les torts de leur propre gouvernement, ils pourront suivant leur conscience se rallier à la sentence de la majorité ; mais si on les oblige à motiver cette sentence et ainsi à critiquer la politique de leur gouvernement, ils se trouveront dans l'impossibilité de signer. »

A cette première raison, M. Léon Bourgeois, le président, répondit qu'il n'y avait qu'à rédiger autrement les motifs sans se soustraire à l'obligation d'en formuler.

M. de Martens aurait pu répondre que de quelque forme qu'on les revête, les motifs auront toujours un fond qui ne permettra pas à certains arbitres de signer. M. Bourgeois voulait peut-être dire qu'il fallait déguiser ces motifs pour les rendre méconnaissables. Mais alors pourquoi imposer cette obligation de motiver puisque c'est pour recommander ensuite de l'annihiler en la tournant et de faire comme si elle n'existait pas ? Ce serait simplement établir une gêne de plus.

M. de Martens ajouta que « des circonstances peuvent se produire où l'obligation de motiver constituerait un obstacle à obtenir une décision absolument juste (exemple : l'affaire de Costa-Rica Packet) (1).

(1) On se souvient de cette sentence du 13 février 1897 rendue par M. F. de Martens et des vives critiques qu'elle souleva dans le monde juridique tout aussitôt. Comp. Regelsperger dans la *Revue générale de droit international public*. T. IV (1897), p. 735 et s.; Valery, *ibid*. T V (1898), p. 57 ; Blès dans la *Revue de droit international et de législation comparée*. T. XXIX (1898, p. 152. Tchernoff. *Protection des nationaux*, p. 290.

Enfin, M. de Martens invoqua le précédent du tribunal anglo-américain siégeant à Paris qui n'admit pas l'obligation dont il s'agit (1).

Le Docteur Zorn répondant à M. de Martens déclara que l'on ne saurait imaginer une sentence de droit qui ne serait pas motivée. Même suivant l'observation de M. Rahusen « la force d'une décision arbitrale réside plutôt dans les considérants que dans la décision elle-même.

Certainement l'obligation de motiver est la garantie des parties. Mais, si l'on a confiance dans les juges que l'on s'est choisis, pourquoi demander une garantie contre ces mêmes juges ? Les opinions très sérieuses du Docteur Zorn et de M. Rahusen méritent d'être prises en considération, mais elles ne sont que des impressions ; or, les impressions se changent très aisément. Une pensée en remplace une autre. L'on imaginera très bien une sentence non motivée, lorsqu'on saura que c'est avec le meilleur esprit qu'elle fut rendue. On regardera la décision avec déférence lorsqu'on saura que les juges ont assez de sérieux pour ne se décider que sur des motifs raisonnés.

Le pivot de cette question sera toujours l'opinion que l'on a des membres du tribunal.

---

(1) L'article 19 dit simplement : « The final award, decided by the majority of votes, shall be drawn up in English, French and Spanish. » (Document communiqué par M. de Martens. Paris, 14 juin 1889; reproduit en annexe). Rapport Descamps, p. 88 et s.

Toujours est-il que la Cour de La Haye décida que la sentence devra être motivée, mais seulement au cas où le compromis n'en décidera pas autrement.

M. Fiore fut beaucoup plus exclusif dans son *Droit international codifié*. Le manque complet de motifs en fait et en droit est pour lui une des causes de nullité des sentences.

Pour notre part, nous pensons que la Cour de La Haye aurait agi préférablement si elle avait laissé aux arbitres la liberté la plus complète. Elle aurait dû simplement former le vœu que les arbitres motivassent leur décision le plus souvent.

Il peut en effet y avoir des inconvénients à faire trancher cette question par le compromis. On ne peut pas toujours prévoir les points délicats que les débats pourront faire naître, et en exigeant dès l'avance des motifs on peut placer le tribunal dans une position très embarrassante.

L'article 52 des règles de la Convention de La Haye, que nous avons déjà vu, dit que la sentence doit être *signée* par chacun des membres du tribunal.

Tous les arbitres doivent signer sans exception. Toutefois, il est admis que les juges composant la minorité peuvent mentionner leur dissentiment en signant. Une question se pose alors.

Ce dissentiment peut-il être motivé ?

Dans les séances de la Conférence de La Haye, le projet russe suivit, sur ce point, son idée de faire de

l'arbitrage une œuvre de paix au lieu d'en faire une
œuvre de justice. Il fut conduit par M. F. de Martens à
refuser à la minorité « le droit de mettre en face de
pseudo-motifs tirés de la paix, de vraies raisons tirées
du droit. » Les considérants de la minorité auraient été
capables de mettre en mauvaise posture ceux de la majorité. M. Rollin insista longuement pour que, dans la
sentence arbitrale, les dissidents pussent inscrire les
motifs de leur désaccord. Ce fut en vain. L'idée russe
triompha pour cette raison, que le fait de motiver un
avis contraire au sein même du jugement aurait pu
affaiblir l'autorité de la sentence rendue. Le rapporteur
s'était rallié à l'opinion de M. F. de Martens.

On lui objecta qu'en soumettant dans le jugement
même, la décision arbitrale aux critiques de la minorité,
on forcerait les arbitres à serrer de plus près leur argumentation. Sous l'apparence d'affaiblir l'autorité matérielle de la sentence, la Conférence l'aurait fortifiée,
dit-on, en exigeant d'elle une plus grande valeur morale.

En échange de ces quelques avantages à peu près
réels, nous pensons que cette possibilité de motiver, si
elle était admise, établirait une grande confusion d'une
gêne immense peut-être.

M. Alessandro Corsi, dans *Arbitrati internazionali*,
développe notre thèse : « Le tribunal arbitral, dit-il,
rend ses décisions à la simple majorité des voix, sans
spécifier le nom et la qualité des arbitres dissidents. Ces
derniers n'ont, en cette qualité, aucun droit à l'insertion

dans les procès-verbaux de motifs spéciaux ou d'un vote de protestation, sauf dans le cas où la majorité se serait refusée expressément à tenir compte des documents, des faits ou des arguments, sur lesquels se fonde leur dissentiment. »

Il y a quelquefois des traités qui prévoient expressément ce cas. Par exemple : à la date du 23 juillet 1898, le ministre des Affaires étrangères d'Italie et le ministre plénipotentiaire de la République Argentine, signèrent à Rome un traité général d'arbitrage (1).

L'article 10 est ainsi conçu : « La sentence devra décider définitivement chaque point en litige. Elle devra être rédigée en double original et signée par tous les arbitres. Si quelques-uns se refusent à le faire, les autres devront en faire mention et la sentence produira ses effets pourvu qu'elle soit signée par la majorité absolue des arbitres. *On ne pourra annexer à la sentence des votes motivés contraires* (2). »

Quelquefois des cas particuliers peuvent se présenter. Il faut au moins en signaler quelques-uns.

Dans l'affaire de l'*Alabama*, seul, Sir Alex. Cockburn refusa de signer la sentence du tribunal. Pour motiver

_____

(1) Voir le texte de ce traité dans la *Revue générale de droit international public*, t. v, 1898, p. 168.

(2) Le texte espagnol dit : « No podran ser alegandos en la sentencia votos motivados en contrario. »

Le texte italien dit : « Non potramo essere allegati nella sentenza voti motivati contrarii. »

son abstention, il présenta au dernier moment un volu-
mineux mémoire expliquant ses raisons. Les arbitres se
trouvant dans l'impossibilité de l'examiner, ordonnèrent
simplement son annexe au dossier (1).

Autre singularité : Dans l'affaire de l'*Œil-de-la-Mer*,
la sentence fut rendue le 13 septembre 1902. Le défenseur de la Hongrie, M. de Boelcs, ayant au cours des
débats fait allusion aux prétentions historiques de son
pays sur la ligne de Beskides, le professeur Balzer,
avocat de la Galicie, crut devoir faire *insérer* au procès-
verbal une réserve solennelle tendant à sauvegarder les
droits éventuels de la Galicie sur une frontière plus
orientale passant par « le Polnischer Kamm », les vallées
de la Rowienka et du torrent Poduplaski. La Cour refusa
d'admettre cette *réserve* qui, d'après elle, dépassait les
pouvoirs du défenseur et était incompatible avec le
caractère définitif et perpétuel de la sentence arbitrale.

---

(1) Il le fit pour revendiquer l'*honneur* des hommes d'Etat britanniques, dit-il dans un discours prononcé le 4 novembre à un
banquet de Londres, contre les accusations injustes proférées par
le gouvernement américain.

Voir Montagne Bernard, *A historical account of the neutrality
of Greath Britain during the american civil war*. 1870 (au point
de vue anglais).

Caleb Cushing : *Traité de Washington*, 1874 (au point de vue
américain). L'auteur avait été conseiller des Etats-Unis près le
tribunal de Genève.

III. — PRONONCÉ DE LA SENTENCE

La sentence arbitrale est lue en séance publique du tribunal. Les agents et les conseils des parties sont présents ou du moins ont été dûment appelés (1).

Même si les débats se sont passés à huis clos la sentence doit être lue en séance publique. Ainsi opéra le Tribunal de Genève le 14 septembre 1872.

Quelquefois le président des arbitres ne donne pas lui-même lecture de la sentence ; il confie ce soin au secrétaire. C'est ce qui eut lieu à Genève (2).

Lorsque comme arbitre on a choisi un corps constitué, celui-ci rend sa sentence dans les formes usitées devant lui. Il suffit de voir ce qui se passa dans l'affaire du *Phare* pour en avoir un exemple.

Lorsque c'est un souverain qui rend ce jugement, l'usage, dit M. Calvo, lui accorde la faculté de faire prononcer la sentence par un tribunal de son pays ou par des commissions. Elle est réputée avoir été rendue au nom du souverain ou du chef d'Etat (3).

Ce prononcé de la sentence doit avoir lieu dans un certain délai lorsque le compromis l'a fixé. En effet, à l'expiration de ce laps de temps, les arbitres cessent d'avoir tout pouvoir.

(1) Article 53 des règles de la Conférence de La Haye.
(2) Dictionnaire de droit international. V° *arbitrage.* I, p. 54.
(3) Cushing, p. 171, *in fine.*

Le plus souvent comme des retards peuvent survenir, à raison d'incidents dans les enquêtes, on accorde de nouveaux délais au tribunal arbitral.

Nous lisons dans le compromis signé à Londres le 13 octobre 1904 entre la France et le Royaume-Uni de Grande-Bretagne et d'Irlande les articles qui suivent (1) :

« II. Les délais fixés par le présent compromis pour la remise du mémoire, du contre-mémoire et des conclusions pourront être prolongés d'un commun accord par les parties contractantes.

IV. La décision du tribunal sera rendue dans les trente jours qui suivront sa réunion à La Haye ou la remise des explications qui auraient été fournies à sa demande, à moins que, à la requête du tribunal, les parties contractantes ne consentent de prolonger le délai. »

L'article 10 du traité de Washington en 1871 dit que le bureau d'assesseurs qui devait être nommé, le cas échéant, pour déterminer les sommes à payer par la Grande-Bretagne, au cas où les arbitres n'auraient pas adjugé une somme en bloc, aurait deux ans et six mois pour terminer ses opérations à dater de la première réunion.

Le texte du jugement, ainsi que tous les documents et actes de l'instance, seront déposés aux archives d'un

_____

(1) Les ratifications de cet acte furent échangées à Londres le 18 janvier 1905.

pays neutre. Ce dépôt sera annoncé publiquement. Une note qui y sera annexée énumérera toutes les pièces déposées.

IV. — EFFETS DE LA SENTENCE

La sentence arbitrale décide définitivement et sans appel dès qu'elle a été dûment prononcée et notifiée aux agents des parties en litige (1).

Elle a l'autorité de la chose jugée et elle trouve une partie de sa force dans l'engagement pris par les parties dans le fait d'avoir signé le compromis (2). La convention d'arbitrage implique l'engagement de se soumettre de bonne foi à l'arbitrage (3). C'est une sorte de droit conventionnel, comme dit M. Bluntschli (4).

La sentence n'a pourtant qu'une force morale. Comme il n'existe aucune institution au-dessus des tribunaux

---

(1) Voir l'article 54 des règles de la Conférence de La Haye et l'article 25 du règlement de l'Institut. Conf. le § 30 du projet Goldschmidt qui fut supprimé comme inutile par l'Institut sur la proposition de M. Mancini.

(2) Conf. Grotius III, xx, § XLVI ; Wattel, *Le droit des gens,* I, II, ch. XVII § 329 ; Hefter § 109 ; Bry, p. 374; Phillimore, *International law*, III, p. 5 et 6 ; Pierantoni, p. 459 ; Kamarowsky, p. 437 ; Cornazza-Amari, II, p. 533 ; Calvo, § 1772 ; Bluntschli, art. 494 ; Pasquale Fiore, *Le droit international codifié*, art. 901 et *Le droit international public*, II, p. 207.

(3) Article 18 des règles de la Conférence de La Haye.

(4) *Droit international codifié*, p. 279.

arbitraux, la sentence rendue par eux se trouve livrée un peu à la bonne volonté de la partie condamnée. Mais, faute de sanction matérielle, la sanction morale est énorme.

Le fait même de se refuser à accepter le jugement des arbitres place un pays dans un tel état d'infériorité morale que c'est presque une infériorité matérielle. « Tous les hommes sensés et probablement tous les gouvernements sont alors ligués contre lui. Il est devenu le perturbateur, l'ennemi public, dit M. Richet. Toutes les nations tiendront hors la loi cette nation rebelle. Même sans guerre, on peut contraindre un pays à se soumettre à une décision juridique, par exemple en supprimant les relations commerciales et diplomatiques. Ce n'est pas impunément qu'on affronterait les hasards d'une guerre, en ayant d'une manière éclatante, lumineuse, éblouissante le bon droit contre soi. Même avec nos mœurs actuelles, qui sont des mœurs de sauvages, on n'ose pas, quand on fait une guerre, proclamer ouvertement qu'on a le droit contre soi. Au contraire, on prétend toujours qu'on représente la justice et souvent on est persuadé de la bonté de sa cause. Mais comment pourrait-on l'être après que des arbitres ont parlé ? Se révolter contre la décision des arbitres, se dérober au jugement de la suprême cour juridique internationale, c'est par cela même proclamer cyniquement qu'on fait une guerre injuste et qu'on veut par la violence échapper au droit. — La sanction des jugements de la Cour arbitrale ce sera l'opinion publique. »

Cette opinion publique sera suffisante pour conserver la paix. M. Lyon Caën, dans son rapport lu à la séance de la distribution des prix de la Faculté de droit en 1876 disait : « Si l'on doute entre les Etats de la puissance de cette force toute morale qu'on appelle cependant *la reine du monde*, faudra-t-il admettre que toutes les nations se réuniront pour imposer par la force matérielle l'obéissance à l'Etat récalcitrant ? »

Non, ce recours à la force n'est pas nécessaire. De nombreux compromis (1) prennent soin de déclarer de façon expresse que la sentence sera définitive et sans appel. M. Goldschmidt a constaté son absolue inutilité.

Aujourd'hui, la mode n'est plus de donner des gages pour assurer l'exécution du jugement, quoique l'histoire nous rapporte que jadis on agissait d'une façon toute différente :

En 1176, les rois d'Aragon et de Navarre soumirent à

(1) Conf. notamment les conventions de 1853 entre l'Angleterre et les Etats-Unis, de 1871, entre les Etats-Unis et l'Espagne, le traité de Washington de 1871, articles 11, 13, 17, et 25.

L'article 13 du traité d'arbitrage permanent signé le 23 juillet 1898 à Rome entre le représentant de la République Argentine et le ministre des Affaires étrangères du Royaume d'Italie au nom de leurs gouvernements dit : Le jugement n'est pas susceptible d'appel et il est confié à l'honneur des nations signataires du pacte.

l'appréciation du roi d'Angleterre une contestation. Ils remirent comme gage de leur soumission à la sentence arbitrale quatre châteaux forts. Des plénipotentiaires furent chargés de se rendre auprès du monarque anglais pour prendre connaissance de sa décision. Trente jours furent accordés aux parties pour comparaître ; le délai écoulé, le défaillant devait être dépouillé des citadelles engagées.

Il faut croire que de nos jours l'autorité morale de la sentence est suffisante pour assurer son exécution. Les États admettent toujours les jugements qui sont rendus (1).

Dans l'affaire de l'*Alabama,* sir Alexander Cockburn refusa de signer la décision rendue par ses collègues le 14 septembre 1872 pour des raisons de dissentiments qu'il exposa dans le document déposé sur le bureau du tribunal dont nous avons parlé. Or, comme le fit remarquer M. Rolin Jaequemyns « pour quiconque est au courant de l'opinion publique anglaise il ne saurait être douteux que l'opinion négative de sir Cockburn n'exprimât le sentiment de la majorité du Parlement et du peuple anglais. » Cependant dans les débats parlementaires dont la sentence de Genève fut l'objet, il ne fut pas fait la moindre allusion au droit qu'aurait eu l'Angleterre d'en refuser l'exécution. Sir Cockburn lui-même termina ainsi son mémoire : « Bien que la décision du tribu-

(1) Nys, *Origines du droit international,* p. 52.

nal me paraisse justifier ces objections, j'espère que le peuple anglais l'accueillera avec la soumission et le respect dus à la décision d'un tribunal dont il a consenti à accepter librement l'arrêt. »

Il y avait une singularité pour l'acceptation de la sentence du tribunal de Genève. C'est que le paiement de l'indemnité devait être voté par la Chambre des Communes et que cette Chambre n'était nullement intervenue dans la rédaction du compromis.

M. Colfax, vice-président des États-Unis, avait déclaré au sujet du traité de Washington que « quand même l'arbitrage ne leur adjugerait pas un seul dollar, il se lèverait devant ses concitoyens pour leur crier: Acceptez cette solution et renoncez à cette indemnité plutôt que de reculer d'une ligne de la haute position morale où vous êtes placés avec l'Angleterre par rapport aux autres nations.

M. Frédéric Passy dit que les Anglais dans l'affaire de l'*Alabama* eurent la sagesse de se soumettre, comprenant qu'une indemnité de paix, si exorbitante qu'elle soit, est encore moins lourde que la plus petite indemnité de guerre.

Malgré ces diverses citations, nous avons à signaler un exemple célèbre de refus d'obtempérer à la sentence. C'est celui de l'arbitrage anglo-américain concernant la frontière des États-Unis et les possessions anglaises. Le roi des Pays-Bas était arbitre en vertu de la convention du 29 décembre 1827 et devait déterminer la fron-

tière. Dans sa sentence du 10 janvier 1831 il indiqua un
tracé nouveau des recherches à faire à l'effet de le déterminer. Cette sentence ne fut pas acceptée. On allégua
surtout que le compromis était fait sur la personne du
roi des Pays-Bas et que Guillaume n'était plus roi de
l'ancien royaume des Pays-Bas depuis la séparation de
la Belgique.

Voici un autre exemple : la sentence d'Halifax du
23 novembre 1877 ne fut pas acceptée par les États-
Unis (1) !...

Un auteur, M. Thonissen (2), s'est laissé tromper sur
la portée de l'acte qui doit intervenir chez la nation condamnée pour que la sentence soit exécutée. Cet acte n'a
pour but que de décider les voies et moyens qui seront
employés pour donner satisfaction à la nation dont le
droit fut reconnu par l'arbitrage. Mais cet acte ne ratifie
pas la condamnation. La sentence a tout son pouvoir en
elle-même. Cette question des mesures législatives à
prendre est en elle-même une question de droit public
interne. C'est le devoir du gouvernement de pourvoir à
l'exécution des obligations de l'État et de demander au
pouvoir législatif les ressources nécessaires pour y satis-
faire. Ces considérations ne peuvent avoir aucune influence sur l'efficacité de la sentence.

D'ailleurs l'opinion de M. Thonissen suivant laquelle

(1) Note de lord Salisbury, 1878.
(2) *Annales parlementaires belges* du 20 janvier 1875 et *Revue
de droit international*, 1875, p. 81 et s.

le compromis devrait être assimilé à une simple tentative de conciliation non obligatoire est restée isolée.

La sentence a tout son pouvoir en elle, et c'est de son plein gré, par respect pour la justice qui s'est prononcée que la nation condamnée doit s'exécuter.

L'Italie a absolument faussé le sens de la décision arbitrale lorsqu'elle a cru pouvoir recourir à une démonstration navale pour obtenir de la Colombie qu'elle abandonnât la qualité de garante, c'est-à-dire de débitrice subsidiaire, et pour qu'elle prît en quelque sorte les devants au regard des créanciers en vue de faire cesser toute poursuite de leur part contre le sieur Cerruti. Les créanciers n'étaient pas même tous Italiens. Il est regrettable que l'Italie ait employé la force pour faire exécuter une sentence dont elle a interprété les clauses dans un sens plus conforme à ses idées qu'à la véritable pensée de l'arbitre.

Cette question de l'exécution de la sentence a inspiré bien des auteurs. La raison en est que les jurisconsultes ont à peu près tous l'espoir de voir un jour un tribunal arbitral permanent. Or, ils déplorent qu'aucun moyen de coercition ne puisse être à la disposition de ce tribunal suprême pour forcer l'obéissance aux jugements.

C'est ainsi qu'un Français, Emery de la Croix, s'inspira des vues généreuses attribuées à Henri IV par Sully. Dans son livre *Le nouveau Cynée*, 1623, il proposa d'instituer un congrès permanent qui réglerait les conflits entre souverains et *assurerait par la force* l'exécution de ses sentences.

De nos jours, M. Jacques Dumas étudie la *Responsabilité du pouvoir exécutif considérée comme l'une des sanctions de l'arbitrage international* (1). Il passe en revue les sanctions morales et les sanctions matérielles ; il rappelle la phrase de M. Merillon, avocat général à la Cour d'Appel de Paris (2) : « Un Etat qui, après avoir sollicité le jugement de la Cour internationale, se refuserait à exécuter la sentence parce qu'elle lui serait défavorable serait déshonoré et mis au banc des nations et, quelles que fussent sa puissance et sa force, il se placerait dans une situation tellement odieuse qu'il semblerait impossible qu'il pût persister dans son refus. »

Pour les sanctions matérielles, M. Dumas nous dit que le projet le plus complet est l'œuvre de M. Léon de Montluc, le distingué conseiller à la Cour d'Appel de Douai. Il fut publié en latin aussi bien qu'en français dans le *Journal des Etats-Unis d'Europe* (3).

Un projet fut formé également pour doter le tribunal arbitral d'une force armée. Cette idée fut très sévèrement jugée par M. Feraud-Giraud, président honoraire

(1) *Revue politique et parlementaire*, 1901, p. 312.

(2) Discours de rentrée à la Cour d'Appel de Paris, 1897, p. 34. Dans son *Traité sur l'arbitrage international*, 1892, M. Ferdinand Dreyfus écrit de même : « La nation déboutée murmure, mais elle se soumet. Si elle résistait, elle se mettrait elle-même au ban de l'Europe. »

(3) *Journal des Etats-Unis d'Europe*, n° de septembre 1890.

à la Cour de Cassation, dans un article publié par la *Revue de droit international et de législation comparée...* (1).

Le projet personnel de M. Dumas est présenté avec force détails. Il étudie : à qui confier les poursuites, par qui faire juger les coupables et il précise même quelles seraient les peines et quelle serait la procédure.

V. — LES VICES DE LA SENTENCE

De même que les sentences rendues par les tribunaux de droit commun, les sentences rendues dans des arbitrages internationaux peuvent être viciées.

D'où ces vices peuvent-ils provenir?

D'abord du compromis et ensuite de la sentence elle-même.

A. Le compromis peut porter en lui une cause de nullité. Mais est-ce que cette faute peut avoir une influence quelconque sur la sentence? Nous ne le pensons pas.

En effet, cette cause de nullité du compromis, les parties doivent l'invoquer devant le tribunal arbitral, dès qu'elle est parvenue à leur connaissance. Si elles ne le font pas, si elles continuent à participer à la procédure, elles couvrent par ce fait même ce vice par une ratifica-

(1) *Revue de droit international et de législation comparée.* T. XXIX. Année 1897, n° 4, p. 371 et s.

tion tacite. Cette question faisait l'objet du n° 32 du projet de M. Goldschmidt.

Qu'adviendra-t-il de cette cause de nullité lorsque les parties s'en prévaudront ?

Ce sera le tribunal arbitral qui décidera. Il étudiera la question : Ou bien il déclarera la plainte mal fondée et il procédera à la procédure ordinaire, ou bien il déclarera très juste la demande et, comme le compromis, se trouvera éteint par le fait de la reconnaissance de ce vice, le tribunal arbitral devra se déclarer dessaisi.

B. Quels sont les vices qui peuvent affecter la sentence en elle-même ?

Tous les auteurs de droit international ont donné une énumération des causes qui, d'après eux, doivent amener la nullité de la sentence.

Il y a évidemment des divergences parmi toutes ces opinions, mais il faut reconnaître qu'il y a pourtant des cas sur lesquels tous sont d'accord.

Nous allons donner quelques exemples des idées de chacun :

« Si, par une sentence manifestement injuste, contraire à la raison, les arbitres s'étaient eux-mêmes dépouillés de leur qualité, dit Vattel (1), leur jugement ne mériterait aucune attention, on ne s'y est soumis que pour des questions douteuses. Supposer que des arbitres pour réparation de quelque offense condamnent

(1) Vattel, *Le Droit des Gens.* 2ᵉ vol., p. 305.

un Etat souverain à se rendre sujet de l'offensé, aucun homme sensé dira-t-il que cet Etat doit se soumettre ? Si l'injustice est de petite conséquence, il faut la souffrir pour le bien de la paix, et si elle n'est pas absolument évidente on doit la supporter comme un mal auquel on a bien voulu s'exposer. Car, s'il fallait être convaincu de la justice d'une sentence pour s'y soumettre, il serait fort inutile de prendre des arbitres. »

D'après Calvo (1), il existe pour une sentence six cas de nullité. Ce sont les suivants :

1° Si la sentence a été prononcée sans que les arbitres y aient été suffisamment autorisés ou quand elle a statué en dehors et au delà des termes du compromis.

2° Quand il est prouvé que les juges étaient dans une incapacité légale ou morale, absolue ou relative, par exemple s'ils étaient liés par des engagements antérieurs, ou avaient dans les conclusions formulées un intérêt direct ignoré des parties qui les avaient choisis.

3° Quand les arbitres n'ont pas agi de bonne foi.

4° Quand l'un ou l'autre des Etats intéressés n'a pas été entendu ou mis à même de justifier ses droits.

5° Quand la sentence porte sur des questions n'ayant pas trait au litige.

6° Quand la teneur de la sentence est contraire aux règles de la justice comme dans le cas où l'arbitre con-

(1) Calvo, § 1774, et *Dictionnaire de Droit international.* V° *Arbitrage,* I, p. 55.

damnerait l'offenseur à une réparation qui porterait
atteinte à son honneur ou à son indépendance.

Fiore donne aussi une énumération des causes de
nullité. Il répète celles données par Calvo en en ajou-
tant une :

« La sentence peut être arguée de nullité si elle n'est
point motivée ou si le dispositif est incohérent. »

Toutefois, il admet qu'on doit considérer comme suffisante l'indication sommaire des raisons qui servirent
à motiver le dispositif de la sentence arbitrale.

M. Darras (1), à propos de l'affaire Cerruti, écrivit :
En s'abstenant de motiver sa décision alors qu'il n'avait
pas été relevé de cette obligation qui découle du droit
commun, l'arbitre avait commis un véritable excès de
pouvoir, la sentence arbitrale était nulle et la Colombie
aurait pu, si elle s'était sentie assez forte, se refuser à
l'exécuter (2).

M. Goldschmidt (3) va plus loin dans son projet de

(1) Article de M. Darras, 1899. *Revue générale de droit inter-*
national public.

(2) Consulter sur ce point : Hefter, *Droit international de*
l'Europe, p. 210 ; M. Chrabro Wassilewski, citation de Kamarowsky, p. 348, note 2 ; Bluntschli (art. 495), p. 279, il dit : « Si
c'est contraire au droit international », mais il ne songe pas que
ce serait perpétuer les conflits ; M. Carnazza-Amari, ii, p. 564 ;
M. Pierantoni, *Gli arbitrati*, p. 91-97 ; M. Pradier Fodéré,
n° 2.628 ; M. Bulmerincq compte dix cas, citation de Kamarowsky,
p. 358 ; M. Kamarowsky.

(3) *Revue de droit international*, 1874, p. 147 et 148.

règlement présenté à l'Institut, il propose onze caté-
gories de nullité :

Les deux premières se rapportent à la nullité du
compromis.

La troisième prévoit l'absence de quelques membres
aux diverses délibérations.

La quatrième prescrit l'exposé des motifs quand le
compromis en a décidé ainsi.

5° Le tribunal arbitral ne doit pas décider sans entendre le recourant.

6° Le tribunal arbitral ne peut excéder les limites de
la compétence que lui donnait le compromis.

7° Le tribunal arbitral ne peut, par sa décision,
accorder à la partie adverse plus qu'elle ne deman-
dait.

8° Les règles de la procédure ou les principes du droit
expressément prescrits à l'observation du tribunal arbitral dans le compromis ou une convention subséquente des compromettants, doivent être soigneusement
observés.

9° La sentence arbitrale ne doit pas ordonner un acte
généralement reconnu pour immoral ou prohibé.

10° A l'insu du recourant et avant le prononcé de la
sentence, un des arbitres ne peut recevoir de la partie
adverse un avantage ou la promesse d'un avantage.

11° Le tribunal ne doit jamais être trompé par la
partie adverse.

M. Bonfils (1) appuie sur le cas où la sentence est le résultat de la fraude et Barbeyrac (2) cite le cas où Léon X fut pris comme arbitre entre l'empereur Maximilien et le Doge de Venise. Les deux parties essayèrent de corrompre leur arbitre et celui-ci fit avec chacune un pacte secret.

Il résulte de la lecture de tous ces auteurs que certaines causes de nullité sont reconnues unanimement, tandis que d'autres sont particulières à quelques-uns.

Il est difficile de se rendre compte strictement des cas où une sentence est équivoque ; or M. Fiore fait de cette équivoque une cause de nullité.

MM. Bulmerincq, Goldschmidt et Carnazza-Amari, s'arrêtent à un vice qui ne s'est jamais produit, le cas où un tribunal arbitral aura rendu une sentence contraire à l'honneur ou à l'indépendance des États.

Les réparations exigées comme satisfaction d'honneur ne se traduiront jamais que par des actes pouvant être loyalement acceptés par un État. Ce sera, par exemple, la révocation d'agents coupables. L'Angleterre accorda spontanément ces satisfactions dans l'affaire de l'*Alabama* (3). La Conférence de La Haye, dans son article 55, a réuni toutes ces opinions sous le titre général : « Découverte d'un fait nouveau. »

(1) P. 526.
(2) *Droit de la nature et des gens*, l. v, c. xiii, § 4, note, et conf. Guicciardini Istoria, t. xi, p. 37.
(3) Article 1ᵉʳ du traité de Washington de 1871.

L'Institut de droit international, dans son article 27.
tenta, lui aussi, de grouper les vices essentiels : « La
sentence arbitrale, dit-il, est nulle en cas de compromis
nul ou d'excès de pouvoir ou de corruption prouvée d'un
des arbitres ou d'erreur essentielle. »

I. Excès de pouvoirs. — Pour excéder leurs pouvoirs,
les arbitres n'auront qu'à accorder à une partie des
satisfactions plus grandes que celles que leur permettait
le compromis, ou bien, ils n'auront qu'à négliger les
règles de ce même compromis quant à la procédure à
suivre.

Le roi des Pays-Bas institué arbitre par une convention du 29 septembre 1827 rendit le 10 janvier 1831 une
sentence entre l'Angleterre et les États-Unis. Au lieu de
choisir pour l'accepter la prétention de l'une ou l'autre
des parties il suggéra de son autorité privée une solution nouvelle que les litigants repoussèrent conformément à leur droit strict. Il y a lieu toutefois de remarquer que cet exemple d'excès de pouvoir est une exception
dans l'histoire de l'arbitrage.

II. Cas de corruption ou mauvaise foi des arbitres. — Ce cas s'explique de lui-même.

M. Calvo ajoute à ce texte, qu'il trouve incomplet, « une
situation d'incapacité légale ou morale, absolue ou
relative, par exemple, si l'arbitre avait été lié par des
engagements antérieurs ». Quelquefois les Etats dans
les compromis s'expliquent nettement à ce sujet : ainsi

l'article 6 des traités de 1794 entre l'Angleterre et les
Etats-Unis portait la disposition suivante : « Les commissaires s'engagent par serment à s'abstenir de leurs
fonctions dans tous les cas où ils se trouveront person-
nellement intéressés. »

Pour les cas de corruption, il y a l'exemple de l'arbitrage du Pape Léon X que nous signalâmes plus
haut.

III. DU CAS D'ERREUR ESSENTIELLE. — Cette erreur
est d'une appréciation très délicate. Il n'y a pas au-
dessus des tribunaux arbitraux une juridiction suprême
qui ait pour mission d'étudier si les erreurs sont essen-
tielles. En l'état actuel des choses les parties sont les
seules appréciatrices de l'erreur invoquée et partant de
la validité de la sentence. Or, souvent l'erreur ne se
présentera pas de façon indéniable Il y aura matière à
controverse.

Si l'on reconnaît à la puissance condamnée le droit de
trancher souverainement ce point, on livrera l'arbitrage
à la discrétion de celle qui a un intérêt quelconque à ne
pas s'y soumettre. C'est pour cette raison, pour fortifier
l'autorité morale des sentences, que de nombreux jurisconsultes se refusent à admettre la nullité tirée de l'erreur de droit ou de fait.

Dans la pratique, les Etats se sont toujours soumis
aux sentences même erronées, car ils savent très bien
qu'un arbitrage même mauvais vaut toujours mieux que
la plus triomphante guerre.

Dans l'affaire du *Springboock* qui motiva le traité du 27 novembre 1872 entre les Etats-Unis et le Mexique, l'arbitre reconnut lui-même son erreur, mais déclara qu'il ne pouvait pas modifier sa décision strictement obligatoire. On avait considéré comme équivalant au fait accompli la simple intention de violer un blocus.

Cette manière de raisonner fut blâmée par tous les jurisconsultes comme par la Commission des prises de l'Institut de droit international à la session de Wiesbaden. L'émotion fut grande. Un ministre d'Etat hollandais crut devoir publiquement protester contre cet abus dans la séance de la Chambre haute des Etats-Généraux du 25 janvier 1884.

La partie condamnée dut avoir, nous semble-t-il, une grande tentation de se soustraire à l'exécution d'une telle sentence et pourtant la décision de commission instituée par les articles 12 à 17 du traité de Washington du 8 mai 1871 fut entièrement acceptée.

Cette singularité est un véritable point noir dans la théorie de l'arbitrage, mais il n'en faut pas pour cela conclure à l'impossibilité de solutionner pacifiquement et juridiquement les conflits.

En effet, nous allons voir si une révision ne peut pas être possible.

VI. — RÉVISION

Tant que la sentence n'est pas intervenue, on peut remédier aisément aux causes de nullité qui se produisent.

Supposons qu'une partie découvre une de ces causes ; que fera-t-elle ?

Elle fera défense au tribunal de continuer la procédure judiciaire jusqu'à ce que le vice ait été réparé. Si les arbitres se refusent à cette réparation la partie qui souleva la nullité se retirera et déclarera tenir pour nulle la sentence qui pourrait être prononcée dans la suite. Pour les causes de nullité basées sur la corruption ou la mauvaise foi, la partie intéressée procédera comme pour la récusation. Si le tribunal se compose d'un arbitre unique, la partie opposant la nullité se retirera de l'arbitrage comme lorsqu'il s'agit d'un excès de pouvoir.

Mais, quand le vice n'apparaît qu'après le prononcé de la sentence, que décider ?

La question s'est posée dans la réalité. Voici dans quelles circonstances :

Le 4 juillet 1868, les Etats-Unis et le Mexique signèrent une convention. D'après ses termes, une commission mixte dut régler tous les litiges et réclamations des corporations, compagnies ou particuliers des Etats-Unis contre le Mexique ou du Mexique contre les Etats-Unis. Le 17 mars 1870 une compagnie minière américaine dite *La Abra silver mining Company* informa les Etats-Unis de son intention de présenter une réclamation contre le Mexique. Elle prétendait avoir souffert des dommages par suite d'actes de violence accomplis ou tolérés par le gouvernement du Mexique. On recourut à un arbitre Sir Edouard Thornton qui, le 27 décembre 1875, déclara la responsabilité du Mexique encourue et jugea qu'une indemnité était due à la *Abra*. Quelque temps après on sut qu'il y avait eu des témoins subornés. On reconnut faux des témoignages que la Compagnie minière avait produits. L'émotion grandit de jour en jour. Le 18 juin 1878 le Congrès des Etats-Unis pria son Président d'examiner toutes les inculpations de fraude que l'on signalait, les preuves et les conclusions devant être portées devant lui. On envisagea la possibilité d'une révision de l'affaire. On songea à la confier à une nouvelle commission qui aurait été constituée par une convention passée entre les deux Etats.

M. Calvo parlant d'un cas semblable change sa solution suivant les circonstances. Il dit que ce n'est pas devant les juges ayant siégé la première fois que l'on doit porter le recours, car en raison précisément de la connaissance qu'ils ont déjà du litige, il serait à craindre que, de très bonne foi, si le fait nouveau n'est pas l'évidence même, ils persistent dans leur idée première.

On peut revenir au contraire devant les mêmes juges quand il s'agit de la voie de l'opposition par suite du défaut d'une partie.

On proposa donc de faire reviser l'affaire de la *Abra* par une nouvelle commission. Le Sénat américain refusa son assentiment. Le Congrès alors vota une loi dont les termes dirent que la Cour des réclamations recevait mission de régler le différend soulevé par les Etats-Unis contre la Compagnie *La Abra*. Elle avait le devoir de

déterminer si la sentence rendue l'avait été par fraude.
Dans le cas où la chose serait vérifiée, elle devait décider
que la Compagnie était déchue de tous droits à l'indemnité attribuée par l'arbitre.

L'*attorney général* rendit ses conclusions. Elles furent
contraires aux prétentions de la Compagnie qui opposa
une exception péremptoire d'incompétence de la Cour.
La Cour des réclamations délibéra puis rejeta l'exception
produite par la Compagnie et se déclara compétente. La
Cour rendit une décision très longuement embrouillée le
24 juin 1897. Elle constata que des manœuvres dolosives
avaient été réellement employées, révisa la sentence
arbitrale et finalement débouta d'une manière complète
la Compagnie minière du bénéfice des condamnations
prononcées à son profit.

Le Mexique aurait donc pu se refuser purement et
simplement à l'exécution de la sentence arbitrale. Il
n'aurait eu qu'à prouver par un mémoire adressé aux
Etats-Unis qu'elle était l'œuvre du dol et de la fraude.
Il ne le fit pas pour diverses raisons. Il préféra agir par
la voie diplomatique et le gouvernement américain s'ho-
nora grandement en n'opposant point purement et
simplement — ce qui eût été peut-être son droit —
l'exception de la chose jugée.

Ici, les conditions posées par Vattel (1) existaient de
tous points : « Pour se soustraire à une sen*t*ence, il fau-

(1) Vattel : *Le Droit des Gens*, 2ᵉ vol., p. 306.

drait prouver par des faits indubitables qu'elle est l'ouvrage de la corruption ou d'une partialité ouverte. »

En résumé, l'on peut dire que cette difficulté à propos
de la *Abra* fut résolue, mais d'une façon indigne d'une
institution comme l'arbitrage qui s'enorgueillit d'être
juridique.

Il appartenait à la Cour de La Haye de chercher une
solution à ce point. Etudions donc ce qui fut dit dans les
débats.

D'abord, l'idée russe dont on connaît la tendance qui
fut de remplacer la justice stricte par la transaction ne
voulut pas tolérer la révision pour fait nouveau. « Cette
ressource suprême du droit méconnu aurait laissé la
porte ouverte à des débats ultérieurs et permis aux parties d'agiter même après la sentence de nouvelles causes
de conflit. »

L'Italie se rappela à La Haye qu'elle avait inscrit le
principe de la révision dans un traité d'arbitrage italo-
argentin (1).

Les Etats-Unis eurent dans la mémoire le bel arrêt
par lequel, le 24 juin 1897, la *Court of claims* révisa en
faveur du Mexique la sentence rendue le 27 décembre 1875
par Sir Edward Thornton dans l'affaire de la *Abra* (2).

Les jurisconsultes n'oublièrent pas que, dans son

(1) Article 13.

(2) Comp. Mérignhac. *De l'autorité de la chose jugée en matière
de sentence arbitrale. Revue générale de droit international public.* T. v, 1898, p. 606 et s.

11

règlement de 1875, l'Institut de droit international accueillit favorablement le principe de la révision (1).

Au sein du Comité d'examen, celui-ci ne l'emporta cependant que d'une voix : quatre d'un côté, cinq de l'autre. La proposition des révisionnistes formulée par M. Holls, au nom des Etats-Unis, fut pourtant bien modeste. Elle mettait comme condition à la possibilité d'une révision pour fait nouveau, que celui-ci fût découvert dans le délai de trois mois à partir de la notification de la sentence. C'était une grande entrave à la révision, car le fait peut quelquefois se découvrir très tard comme dans l'affaire de la *Abra silver mining Company* (2).

M. de Martens ne voulut même pas de cette façon légère de procéder. Il éleva sa protestation quand le débat vint devant la troisième Commission (3). « La révision diminue, dit-il, le sentiment de responsabilité des arbitres. » Ce reproche est inexact, disons-nous, car l'arbitre doit avoir sa conscience et un sentiment de responsabilité ne doit rien valoir à côté d'un sentiment de devoir.

« La révision ferait naître pendant trois mois toute

----

(1) Sur les difficultés relatives au vote de ce texte, comp. Mérignhac, *Traité théorique et pratique de l'arbitrage international*, p. 325.

(2) Jugement arbitral de Sir Edward Thornton. 27 décembre 1875. *Découverte du fait nouveau*, 1877.

(3) Troisième Commission. Cinquième séance, n° 5, 17 juillet 1899, p. 10 et 11.

espèce d'efforts pour s'y soustraire », continue M. de Martens. Mais n'y a-t-il pas souvent des années et des années entre la naissance du litige et sa solution ?

Autre critique du délégué russe : « Le délai de trois mois suffisant pour aviver l'irritation des parties est insuffisant pour permettre la découverte du fait nouveau.» — Mais cette brièveté de délai n'a d'autre cause que l'espoir de concilier toutes les opinions. Ce n'est donc pas à ceux qui repoussent l'idée de révision de critiquer ce délai qui ne fut que l'expression d'un désir d'accommodement.

Pour nous, la révision doit être admise le moins souvent possible en pratique et devrait presque ne pas exister en théorie, car l'on fera les enquêtes bien plus soigneusement, les parties apporteront leurs arguments avec beaucoup plus de soin, s'ils savent qu'il n'y aura nul recours contre la sentence.

S'il y a révision, ce sera l'agitation prolongée.

Les parties garderont peut-être des documents dans l'espoir de faire casser la sentence.

D'autre part, si, indéniablement, il y a un fait nouveau qui est l'évidence même, nous pensons qu'un accord interviendra toujours entre les deux puissances. L'opinion publique empêchera le vainqueur d'exiger l'exécution d'une sentence obtenue par hasard, par un défaut de preuves. L'injustice se trouvera réparée.

Si, contre notre désir, la révision se trouve admise, un jour, formellement, nous pensons que l'on ne saura trop recommander aux puissances, dont les arbitrages seront viciés, de recourir franchement à ce procédé. Les moindres tergiversations donneraient à la révision un caractère un peu honteux.

La Conférence de La Haye n'osa pas trancher cette question. Comme l'arbitre du projet russe l'avait fait, elle sacrifia les principes et « mutila les solutions par un désir immodéré de tout concilier ». Elle chercha un terrain commun et M. Descamps prépara l'entente en résumant ainsi le débat : « Ce qui constitue la difficulté du sujet, c'est le conflit de principes également respectables qui des deux côtés sont mis en avant. Il faut qu'on rende justice : comment accepter alors la consécration d'une erreur évidente ? Il faut terminer le procès entre les nations : comment atteindre ce résultat si on laisse la porte ouverte à un nouveau jugement ? » M. Descamps se reconnaissait donc lui-même d'un côté avec la révision ; c'était, croyait-il, la paix. Il disait : « Les défenseurs de la révision ont le côté le plus noble et le plus beau. Leur conception de la justice est plus haute. » Malgré cela, ses préférences allaient à une autre conception.

M. de Karnebeek, arrêté par le souci de définir « le fait nouveau » passa, à l'idée russe.

M. Asser, cherchant un accommodement, le trouva dans cette même idée.

Renversant la proposition Holls et l'article 54 (1) du Comité qui en est la suite, on substitua au principe de la révision le principe de la non-révision, mais on reconnut aux parties la possibilité d'insérer dans le compromis le principe de la révision : « Les parties peuvent se réserver dans le compromis de demander la révision de la sentence arbitrale. » Le délai fut de six mois dans la proposition Asser (2). Et ce fut ce projet qui réunit toutes les voix.

(1) Article 54. (Projet du Comité) : « A moins de disposition contraire contenue dans le compromis, la révision de la sentence arbitrale peut être demandée au tribunal qui l'a rendue, non seulement à raison de la découverte d'un fait nouveau qui a été de nature à exercer une influence décisive sur la sentence et qui au moment de cette sentence a été inconnu du tribunal lui-même et des parties. La procédure de révision ne peut être ouverte que par une décision du tribunal constatant expressément l'existence du fait nouveau, lui reconnaissant les caractères prévus par le paragraphe précédent et déclarant à ce titre la demande recevable. Aucune demande en révision ne peut être accueillie trois mois après la notification de la sentence.

(2) *Proposition Asser* : Les parties peuvent se réserver dans le compromis de demander la révision de la sentence arbitrale. Dans ce cas et sauf convention contraire, la demande doit être adressée au tribunal qui a rendu la sentence et seulement à raison de la découverte d'un fait nouveau qui eût été de nature à exercer une influence décisive sur la sentence et qui, lorsque le tribunal a statué a été inconnu du tribunal lui-même et de la partie qui a demandé la révision. La procédure de révision ne peut être ouverte que par une décision du tribunal constatant expressément l'existence d'un fait nouveau, lui reconnaissant les caractères prévus par le caractère précédent et déclarant à ce titre la de·

L'article 57 des règles de la Conférence de La Haye dit : « Chaque partie supporte ses propres frais et une part égale des frais du tribunal. »

Entre particuliers, la règle de procédure suivie est que la partie succombant est condamnée aux dépens. Cette disposition ne pouvait pas être appliquée en matière internationale, à raison des relations courtoises qui doivent toujours régner entre les Etats.

mande recevable. Aucune demande en révision ne peut être accueillie que si elle est formée dans les six mois qui suivent la notification de la sentence.

CONCLUSION

—

De cette étude, de l'examen des nombreuses citations, de l'analyse des fréquentes conventions, il nous semble possible de faire jaillir une conclusion.

Dans tous les Congrès qui ont lieu et au sein desquels on pérore sur la question de la Paix, on se contente trop souvent d'émettre des généralités. On s'en tient uniquement aux principes, et l'on obtient ainsi des triomphes faciles, car personne n'est assez niais pour approuver de sang froid les carnages d'une guerre. On s'enthousiasme pour la cause de l'arbitrage. On a des visions de rêve, alors que l'on devrait envisager franchement la réalité.

Plus d'une fois, dans le cours de cette étude, nous avons pu remarquer combien la Procédure, qui est l'ar-

mature réelle de l'arbitrage, est faible. Les efforts
devraient tendre à faire reconnaître par les puissances
certaines règles qui seraient obligatoires. Les Etats sont
très susceptibles. La moindre brusquerie les choque ;
mais qu'importe ? La difficulté de la question ne doit pas
amener le découragement. Chaque fois que l'on fixera
plus strictement un détail de procédure, ce sera une
pierre que l'on posera dans l'édification d'un moderne
temple de Janus. On préconise la solution juridique des
conflits, mais auparavant on devrait s'assurer de la
sûreté des moyens qui sont offerts pour la réaliser.

En attirant trop les regards du monde sur une institution, on doit craindre que le public ne veuille se rendre
compte par lui-même de la sûreté de ce monument.
Lorsqu'il l'examinera de près il ira d'étonnement en
étonnement. Il verra par exemple que la sentence même
reconnue mauvaise par les juges ne peut être révisée. Et
alors il aura peut-être un mouvement de recul qui sera
d'autant plus fort que par des discours on aura tenté de
le pousser d'autant plus en avant.

Pour notre part nous pensons que petit à petit la procédure arbitrale se fixera presque d'elle-même. Nous
basons notre opinion sur l'exemple de ce qui se passa
dans le courant du XIXe siècle. Pourtant les projets de
Règlement de l'Institut et de la Conférence de La Haye,
malgré leurs défauts, firent avancer d'un grand pas la
question, en matérialisant les désirs que l'on sentait
partout.

Les puissances sont les absolues maîtresses de leurs compromis. Pour la prévision de certains points elles se déterminent encore quelquefois dans des sens divers. Mais pour d'autres elles se contentent de répéter ce que leurs devancières décidèrent dans des circonstances semblables. L'habitude est une des forces du monde, et fatalement, un jour, elle doit s'établir. La seule possibilité que l'on ait, c'est d'influer sur l'opinion publique pour qu'elle se dirige de préférence dans un sens ou dans un autre.

D'après nous un code de procédure internationale, n'ayant aucun pouvoir présidant à son exécution, ne doit être pour ainsi dire que l'expression écrite des *habitudes* prises par les États. Il faut éviter avant tout que par leur complexité les questions de procédure ne soient la cause de nouveaux conflits.

Nous estimons donc que l'on devrait parler un peu moins des principes indiscutables de l'arbitrage et chercher un peu plus, par exemple, un moyen logique de reviser une sentence injuste. Le temps n'est pas encore proche où nous pourrons marquer sur le frontispice de quelque temple la clause unique d'un traité (1) conclu jadis par Rome avec Cadix :

Ut pia et œterna pax sit!

(1) Cicéron, *pro Balbo*.

BIBLIOGRAPHIE

I. — Livres et Brochures

SAINT-GEORGES D'ARMSTRONG : De l'utilité de l'arbitrage, 1890.

Emile ARNAUD : Les traités d'arbitrage permanent entre peuples.

A. D'AVRIL : De l'arbitrage international.

Thomas BALCH : International courts of arbitration.

L. BARBAULT : Du tribunal international.

BASCUNAN : L'arbitrage devant les Conférences et les Congrès internationaux.

BELLAIRE : Etude historique sur les arbitrages dans les conflits internationaux.

BLUNTSCHLI : Le droit international codifié.

       Id.   : Responsabilité et irresponsabilité du Pape dans le droit international. Traduction de l'allemand, par A. Rivier.

BONFILS-FAUCHILLE : Manuel de droit international public.

Edgar BRIOUT : Idée de la paix perpétuelle de Bentham.

BULMERINCQ : Theorie und codification des Volkerrechts.

CALEB CUSHING : Le traité de Washington.

CALVO : Le droit international théorique et pratique, 4ᵉ édition.

    Id.   : Dictionnaire de droit international public et privé.

CARNAZZA AMARI : Traité de droit international public (Trad. Montanari Revest).

CHARMOLU : Arbitrage international et la Conférence de La Haye.

CHRÉTIEN : Préface de droit international codifié de Pasquale-Fiore.

Alessandro CORSI : Arbitrati internazionali, 1894.

Ferdinand DREYFUS : L'arbitrage international.

Grande Encyclopédie : Vᵉ *Arbitrage international*(R. KŒCHLIN)

ESCANYE : Arbitrage international.

FUNCK BRENTANO et SOREL : Précis du droit des gens.

FERRER : L'ère nouvelle; nécessité d'un Code international et d'un tribunal international des nations, 1863.

FIORE : Droit international codifié.

Id. : Droit international public.

GOBLET D'ALVIELLA : Désarmer ou déchoir.

GROTIUS et PRADIER-FODÉRÉ : Le droit de la guerre et de la paix.

HALL : International law.

HEFFTER : Le droit international de l'Europe. Das europaïsche Volkerrecht.

KAMAROWSKY : Le tribunal international (Trad. de Westman).

LAURENT : Histoire du droit des gens et des relations internationales.

LAVELEYE : Des causes actuelles de la guerre en Europe et de l'arbitrage.

LAWRENCE : Commentaires sur le droit international.

Id. : The indirect claims of the United States under the treaty of Washington of may 8 1871, as submitted to the tribunal of arbitration at Geneva.

LEIBNITZ : Codex juris gentium diplomaticus. Guelpherb, 1747.

LORIMER : Principes de droit international (Trad. E. Nys)

MABILLE : L'arbitrage international est contraire à nos mœurs.

MARTENS : La paix et la guerre.

F. DE MARTENS : La Conférence de la paix à La Haye, Paris, 1900.

G.-F. DE MARTENS : Traité de droit international (trad. A. Léon).

F. DE MARTENS et Ch. VERGÉ : Précis du droit des gens moderne de l'Europe.

MÉRIGNHAC : Conférence internationale de la paix.

Id. : Traité théorique et pratique de l'arbitrage international.

MÉRILLON : Règlement juridique des conflits internationaux.

MOUGINS DE ROQUEFORT : Solution juridique des conflits internationaux.

NYS : Les théories politiques et le droit international.

Id. : Origine du droit international.

L. OLIVI : Gli arbitrati internazionali.

PARETTI : Degli arbitrati internazionali, 1875.

PIERANTONI : Storia del diritto internazionale nel secolo XIX.

Id. : Gli arbitrati internazionali e il trattato di Washington.

L'abbé DE SAINT-PIERRE : Projet de paix perpétuelle.

PINHEIRO FERREIRA : Cours de droit public.

PHYSSENZIDÉS (Néarque) : L'arbitrage international et l'établissement d'un empire grec.

PILLET : Le droit de la guerre.

Id. : Le droit international privé considéré dans ses rapports avec le droit international public.

Id. : Lettre sur l'arbitrage adressée à M. Stead.

Id. : Recherches sur les droits fondamentaux des Etats dans l'ordre des rapports internationaux.

PRADIER-FODÉRÉ : Traité de droit international public.

Id. : La question de l'*Alabama* et le droit des gens.

PRINCE : Le Congrès des 3 Amériques.

Rapports des Conférences interparlementaires.

RENAULT : Répertoire général alphabétique du droit français.

RENAULT : Introduction à l'étude du droit international.

Id. : Préface au Recueil des traités internationaux de MM. A. de Lapradelle et Politis.

REVON : Arbitrage international.

RICHET : Les guerres et la paix.

RIVIER : L'affaire de l'*Alabama* et le tribunal arbitral de Genève.

Id. : Droit des gens.

ROUARD DE CARD : L'arbitrage international dans le passé, le présent et l'avenir.

SEEBOHM : De la réforme du droit des gens (trad. Farjasse).

SUMMER MAINE : La guerre.

WATTEL et PRADIER-FODÉRÉ : Le droit des gens.

WATTEL : Le droit des gens.

VALMIGÈRE : De l'arbitrage international.

WEISS : Le droit fétial et les fétiaux.

WHEATON : Eléments de droit international. Histoire du progrès du droit des gens.

II. — Recueils

LA FONTAINE.

DECLERCQ : Recueil des traités de la France.

BARBEYRAC : Anciens traités depuis les temps les plus reculés jusqu'à Charlemagne.

DE LAPRADELLE et POLITIS : Recueil des traités internationaux.

III.— Publications et Revues

Revue de droit international.

Revue générale de droit international, fondée en 1893.

Revue critique de législation.

France judiciaire.

Journal de droit international privé.

Revue Fœlix.

Revue de droit international et de législation comparée.

Revue politique et parlementaire.

Revue de droit public.

L'économiste français.

Annals of the American Academy of political Science.

Archir für offentliches Recht.

Archivio giuridico.

Bulletin de l'Académie des Sciences morales.

Revue des Deux-Mondes...

Livres jaunes. Journal Officiel. Journaux périodiques (Temps, Débats...).

IV. — Journaux relatifs à l'arbitrage

L'arbitrage entre nations. Revue mensuelle, 1ʳᵉ année 1897.

La Paix par le droit. Revue mensuelle, 1ʳᵉ année 1891.

La Conférence interparlementaire publiées par le bureau inter-parlementaire pour l'arbitrage international.

Correspondance bi-mensuelle publiée par le Bureau intern28tional permanent de la paix, 1re année 1896.

Concord. — The journal of the international arbitration. The organ of the Peace Society. Revue bi-mensuelle.

The arbitration. Organ of the international Arbitration league.

Die Waffen Nieder. Revue mensuelle.

La Vita Internazionale, par E. Moneta, Milano, 1898.

La Liberta e la Place. — Organo della Societa per la Pace e l'Arbitrato internazionale di Palermo. Revue bi-mestrielle, Palermo.

TABLE DES MATIÈRES

———

12

DEUXIÈME PARTIE

PROCÉDURE PROPREMENT DITE

Procédure quand l'arbitre choisi est un souverain. — Procédure
quand il est un particulier (affaire Ben Tillett). — Procédure
quand il est un corps constitué (affaire du *Phare*).

Cas où le tribunal est composé de plusieurs juges nommés
séparément :

Procédure dégagée d'incidents.
Exceptions pouvant être soulevées :
a) Exceptions pour incapacité ou récusation d'un arbitre.
b) Exception de chose jugée.
c) Exception dite d'incompétence.
(Demandes additionnelles — demandes reconventionnelles. —
Intervention et mise en cause).

I. Délibération et vote.
II. Rédaction de la sentence.
Elle contient la solution du litige. — Doit-on mentionner
l'unanimité du vote ? — La sentence doit-elle être motivée ? —
Les dissentiments peuvent ils être motivés ?

Arras. — Imp Sueur-Charruey, 10, rue des Balances.

www.ingramcontent.com/pod-product-compliance
Lightning Source LLC
Chambersburg PA
CBHW072344200326
41519CB00015B/3656